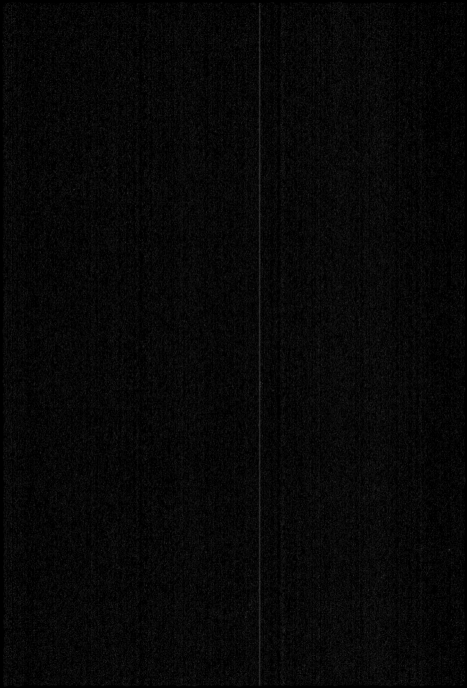

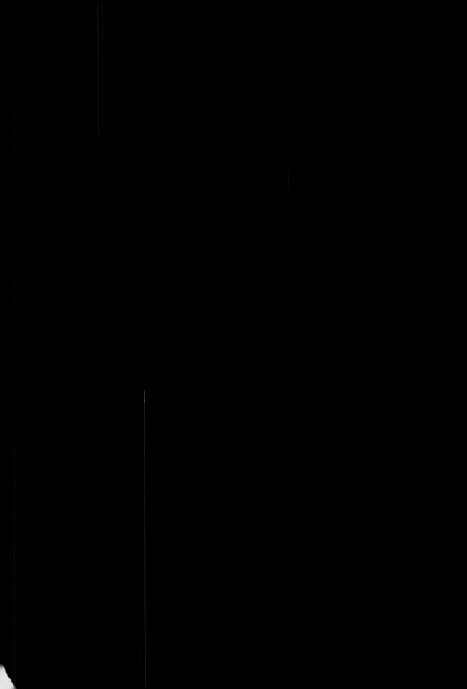

パラダイムシフトを生きる

不確実の世を乗り越える視座

岩本敏男
NTTデータ相談役

株式会社きんざい

パラダイムシフトを生きる——不確実の世を乗り越える視座

はじめに

２０１８年6月にＮＴＴデータの社長を退任してから5年近くが過ぎようとしている。社長退任当時はＮＴＴデータの相談役をはじめ、いくつかの社外役員、経済同友会や日本商工会議所の委員長、一般社団法人の理事長などを務めることになり、相変わらず忙しい日々を過ごしていた。

米国シリコンバレーのＩＴベンダーなどへの定点観測訪問も継続しており、海外の訪問先で、多くの会社経営者との意見交換も大変有意義だった。社長時代に始めたゴルフの4大トーナメントの一つ「The Open」のオフィシャルパトロン（スポンサー）も継続しており、毎年7月中旬には仕事で仕方なく（笑?）英国に出張していた。

30年以上前に携わった中国人民銀行の決済システムの開発を契機に取り組んできた中国でのオフショア開発ビジネスも新たな展開を見せ、中国科学院との共同研究など中国への渡航回数も１００回をはるかに超えた。

しかし、2020年1月以降、生活は大きく変化した。COVID-19である。新型コロナウイルスのパンデミックだけが原因ではないのだが、ここ3年間で日本のみならず世界の価値観や社会構造が大きく音を立てて変化してきている。まさにパラダイムシフトである。

パラダイムシフトについては本文の中で詳述するが、私が電電公社に入社して以来、ずっと携わってきた金融業界も大きな変化を遂げている。

入社後、初めて取り組んだプロジェクトは信用金庫の共同利用型システムだった。当時は全国津々浦々に550余りの信用金庫が存在していた。まさにわが町の金融機関である。しかし、2023年の今日では250程に減少している。これは信用金庫だけの話ではない。1980年頃は、いわゆる都市銀行は13行あったが今では3大メガバンクグループなどに統合されてきた。

戦後、日本の発展のために金融機関が果たした役割は大きい。復興資金を全国から集め、成長産業に振り向けるために貯蓄が推奨された。これを全国規模で集める役割を果たしたのは郵便貯金である。国民も安心して預けることができ、全国どこでもサービスが受けられた。こうして集められた資金は財政投融資という形で産業界への資金提供を果たした。また長信銀3行（日本興業銀行、日本長期信用銀行、日本債券信用銀行）と呼ばれる日本独特の金融機関も金融債を発行して集めた資金を設備投資の資金や長期運転の資金として提供してきた。

こうした戦後の金融システムも日本が成長を遂げ1980年代には社会学者エズラ・ヴォーゲル氏のいう「Japan as Number One」と呼ばれるまでになると、その制度的なひずみも無視できない状況となっていた。1996年には当時の橋本総理の下で、いわゆる日本版金融ビッグバンが起こる。バブル崩壊により金融機関の大量の不良債権問題が焦眉の急であった。金融市場の問題が顕在化し、金融システムを改革することは急務とされていた。

私は早速、その10年ほど前にサッチャー首相の下で証券市場の大改革を実施した英国を訪問し、ビッグバンの実態とその後の成果を調査した。当時の英国はジョバー（自己取引）やブローカー（仲介取引）と呼ばれる資格を持った業者が、旧態依然とした形で証券取引を行っており、国際化に適合しておらず、テクノロジーを積極的に取り入れることもできていなかった。その結果ロンドン証券取引所の存在はニューヨークの10分の1以下、東京の5分の1程度であった。ビッグバンではジョバー、ブローカー制度の改革や、手数料の自由化や海外資本の出資を認めるなど多くの改革を実施した。

多くの関係者にビッグバン後の状況を聞いたが、私の疑問の一つは、証券市場の自由度が増し、新しくＩＴも取り入れて取引が活発になることは良いことだが、この結果、イギリスフラッグの証券会社は姿を消し、大陸もしくは米国の証券会社が席巻することになった。これをどう考えるかという疑問であった。これに対する回答は明確であった。すなわち「確かに英国の証券会社は姿を消したかもしれないが、働いている従業員はロンドン子であり、世界中の資金がシティに流れ込みロンドンの金融市場が活発になることに何か問題があるのか」であった。

日本の金融ビッグバンは「Free Fair Global」を合言葉に、銀行・証券・保険の３分野を対象としており、「自由な市場」、「公正な市場」、「国際的な市場」を目的としていた。バブル崩壊からの再生の意味も大きかったが、金利や手数料の自由化、銀行・証券・保険の業際を越えて進出が容易になり、メリットも多いが、それまでの「護送船団方式」と呼ばれた安定した金融システムからの決別も意味していた。もちろんいくつかのセーフティネットは用意されていたのだが。

その当時から、ずっと注目してきたことがある。それは個人の金融資産である。当時の日本の個人金融資産は１２００兆円ほどであったが、その増加率を推計してみた。年間60兆円の増加が見込まれ、最低でも30兆円との結果であった。実際は失われた20年が到来し日本経済は停滞せざるを得ず、２０００兆円に達したのは２０２１年末のことである。その当時も貯蓄の比率が大きく50%以上であり、「貯蓄から投資へ」が叫ばれていた。貯蓄の割合が大きいのは今でも同様であるが、最近は少し変化が出てきたように思う。

日本版金融ビッグバンにより業界の垣根を超えて自由に参入できるようになったこともあって、私は生損保や証券・信託などのシステム開発にも携わった。また私のレゾンデートルとでもいえるシステム開発が日銀ネットであり、全銀システムやいくつかの決済のインフラシステム開発も手掛けることができた。そうした数々のシステム開発に携わったおかげもあって、金融業界には多くの知己の方々がおられ、単に発注者と受注者という関係を越えて素晴らしいお付き合いをさせていただいてきた。感謝に堪えない。

業界の変化は何も金融業界に限った話ではない。戦後の日本を牽引した産業は繊維、造船、自動車、電気製品、半導体などそれぞれの時代で輝いていた。最近では製造業のみならずアニメやゲームなども活躍している。いずれにしても時代に合わせて栄える産業は異なってくる。資源のサプライチェーンや新しい市場の開拓など、地政学的要素も加味した様々な要因で日本経済を牽引する業界は時とともに変化してきた。こうした変化の中でどのように自らの生活を確立していくのか、何を信じて生きていくべきか、個人も企業も、あるいは国家もその方程式を解く方法を求めている。

世界を大きく変化させているドライバーの一つがＩＴ（Information Technology）であるが、なかなか理解できないとの話もよく聞く。ＤＸ（Digital Transformation）はもはやバズワードとなっているが、改めて「デジタルとは何？」、「トランスフォーメーションとは何？」と聞かれると、回答に窮される方が多いと思う。テクノロジーの進化が指数関数的に加速度的な進化を遂げていることも一つの原因だが、技術に対して基本的にどう対応してよいか分からないということもその一つだろう。しかし、テクノロジーのインパクトは大きく、知らず知らずの間に我々の生活の中に取り込まれ、社会の仕組みはすっかり変化してしまっている。スマホがその良い例だ。スマートフォンは携帯電話と思っている方が多いと思うが、携帯電話機能を備えた手のひらに収まるポータブルなコンピュータと考えることが正しい。

金融財政事情研究会の皆さんとも長い付き合いだが、今回、金融業界の若い方々へ参考となる書籍を出版したいとのお誘いをいただき、その言葉に甘えることにした。最近もテクノロジーの本質や世界中で起こる様々な課題へどう対応すべきかなど、色々な機会で講演させていただいているが、これらの講演内容やこれまで何冊か上梓してきた書籍の内容を加味しながら、今回は社会人としてこれからの人生を切り開いていく方々へ、私のつたない経験から得られたことをお伝えしようと思う。拙著が多くの若い方々、特に金融業界で活躍されている方々の参考になれば幸いである。

パラダイムシフトを生きる——不確実の世を乗り越える視座｜目次

第5章 デジタル技術……109

第6章 ITの3大要素技術の進化……139

第8章 企業経営とは……217

第1章

パラダイムシフトの世界

第1節　3つのパラダイムシフト

パラダイムシフトを捉えるための歴史の視点

私たちが暮らしている2020年代について後世の歴史家はどのような評価を下すだろうか。ひょっとしたら16世紀にキリスト教の世界で起こった宗教革命や150年前の明治維新などのように、これまでに例がないほど世界的に大きく変化した時代、そんな評価をするのではないだろうか。まさにパラダイムシフトの時代である。

パラダイムシフトとは、これまでの価値観が大きく変化し、社会構造や社会規範が急速に変化していくことである。これを起こす要因は様々あるが、今の時代の転換は2019年から起こった次の3つの出来事が象徴的だと考えている。

❶2019年8月　米国のビジネス・ラウンドテーブル声明

❷2020年1月　COVID-19のパンデミック

❸２０２２年２月　ロシアのウクライナ侵攻

この３つがパラダイムシフトを起こす象徴的な出来事であることは後述するが、今の世界はグローバル化が進展し移動手段も格段に便利になってきたので、人も物も自由に動き回っている。こうした人類の活動の結果、様々な課題が明らかになってきた。政治的な緊張感はいつの世でも見られたことだが、地球の温暖化やデジタルテクノロジーの進化によってこれまでは見られなかった課題も現れてきた。

日本の最大の課題は少子高齢化である。これが言われてから久しいが一向に根本的な改革が実現されていない。それだけ本質的な問題だということだが、人口が減少し高齢化していくということは、多くの社会的変化をもたらす。一番大きいインパクトは労働力の質的・量的変化が起こることであり、消費が落ちて来ることだ。これは当然、経済成長の指標となるＧＤＰの減少にもつながってくる。日本はバブル崩壊後、経済発展が停滞して久しいが、その大きな要因の一つでもある。さらに近年、世界的にも注目されてきた気候変動問題、カーボンニュートラルやこれも含んでＥＳＧ経営、ＳＤＧｓなどの課題もある。さらにデジタルテクノロジーの指数関数的な信じられないほどの進化がソーシャルメディアやスマホアプリなど多くのデジタルサービスを盛んにし、人々の社会生活の在り方を大きく変えてきている。

ユーラシアグループ　トップリスク10

こうした世の中の変化を捉えて、ダボス会議で有名なＷＥＦ（世界経済フォーラム）では毎年グローバルリスク報告書を発行している。２０２０年版ではリスクの洗い出しに世界中から1，０００名近い学識経験者や政財界のリスクスペシャリストの意見を集約しているという。１０，０００名以上のビジネス経営者による自国の「事業運営を阻害する主要リスク」に関するアンケートの回答結果も参照されている。そこで取り上げられるリスクは大きく分けて経済・環境・地政学・社会・テクノロジーであるが、地政学的リスクについては、毎年、その年の10大リスクを発表している組織がある。ユーラシアグループである。「Ｇゼロの世界」という、世界をリードする国やリーダーがいなくなり、不安定な世界が訪れると警鐘を鳴らしたイアン・ブレマー氏が１９９８年に設立した地政学リスクを専門に分析するコンサルティング会社であり、新興市場国をはじめ、世界各国・地域の政治的変動が市場に与える影響について、数量的な手法も用いながら分析している。

ブレマー氏とは２０１５年から毎年、ニューヨークに出張するたびに彼のオフィスか自宅を訪問し、その時々の地政学リスクについて意見交換している。新型コロナウイルス感染症によって2020年以降、対面での会話はできていないが、いつも大変有意義な意見交換ができている。

2023年のユーラシアグループによる10大リスクは次のとおりである。

リスクNo.1　ならず者国家ロシア
リスクNo.2　「絶対的権力者」習近平
リスクNo.3　「大混乱生成兵器」
リスクNo.4　インフレショック
リスクNo.5　追い詰められるイラン
リスクNo.6　エネルギー危機
リスクNo.7　世界的発展の急停止
リスクNo.8　分断国家アメリカ
リスクNo.9　TikTokなZ世代
リスクNo.10　逼迫する水問題

一つひとつは解説しないが、２０２２年２月のロシアのウクライナ侵攻の国際政治・経済への影響を踏まえると、１番目のリスクにロシア関連が挙げられているのは当然といえよう。他、テクロノジー関連が複数挙がっていることにも注目したい。

「リスクNo.3『大混乱生成兵器』」とは、政治家や企業などがテクロノジーを活用し、偽情報、ディープフェイク、サイバー攻撃などにより社会を混乱させるというものだ。

「リスクNo.9 TikTokなZ世代」は、１９９０年代半ばから２０１０年代初頭にかけて生まれ新たな価値観を持つ「Z世代」がソーシャルメディアで社会や企業に対する影響力を増すことを指摘している。

図1-1 世界中で起こる問題

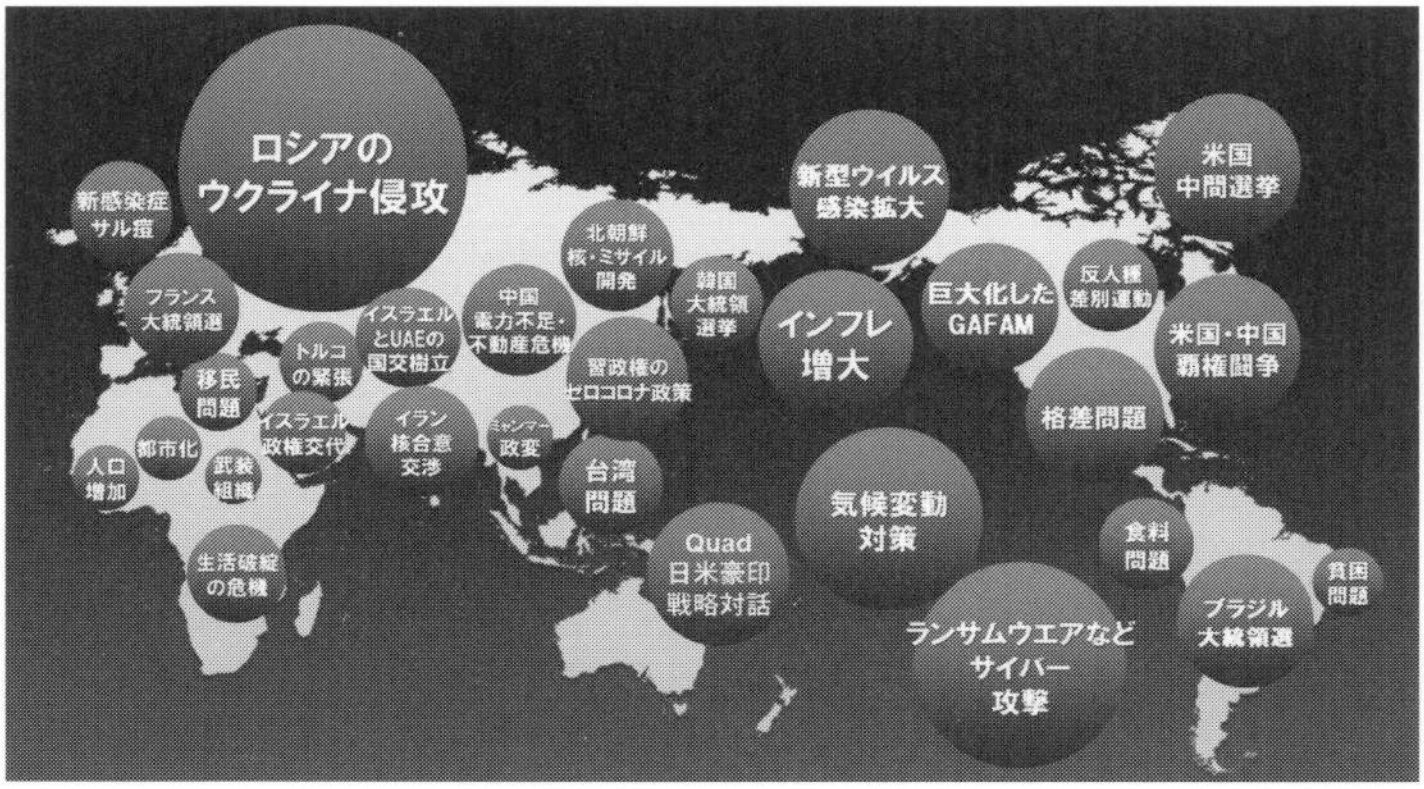

出所：筆者作成

ＮＴＴデータは世界中で50か国以上、２５０都市以上の拠点でビジネスをしているので世界を見渡してみると、ユーラシアグループの地政学的リスクとは必ずしも一致はしないが様々なリスクや解決を求められる課題が浮き彫りになってくる。

一例を挙げれば図1-1のようなものである。

政権交代選挙のように時限的なものもあるが、気候変動対策のように長期的に取り組むべき課題も多い。またローカル性の強いリスクもあるが、新型コロナウイルスのパンデミックのように世界的な広がりを見せるものもある。

このように世界はリスクや課題を山のように抱えているが、冒頭述べたように3つの大きな事柄が世界を大きく変えるトリガーになっているように思われる。

第2節 「株主資本主義」から「ステークホルダー資本主義へ」

ビジネス・ラウンドテーブルの宣言

パラダイムシフトの始まりは、２０１９年8月19日に発表された米国のビジネス・ラウンドテーブルの宣言である。ビジネス・ラウンドテーブルとは米国の大企業２００社ほどが加盟する財界ロビー団体である。ビジネス・ラウンドテーブルは１９７８年以来、定期的にコーポレートガバナンスの原則を公表しているが、１９９７年以降は株主優先の原則、つまり「企業は主に株主のために存在する」という株主資本主義を掲げてきた。それが今回の声明により、「企業は顧客、従業員、サプライヤー、コミュニティ、株主など、すべての利害関係者の利益のために存在する」いわゆる「ステークホルダー資本主義」が大切であると発表しており、大きな方向転換である。ＪＰモルガン・チェースのジェイミー・ダイモン氏、ゼネラル・モーターズのメアリー・バーラ氏、アップルのティム・クック氏、アマゾンのジェフ・ベソス氏など１８１名のＣＥＯが署名している。

この声明は大変な衝撃をもって迎えられた。それまで、ビジネス・ラウンドテーブルも含めてアメリカやヨーロッパ、日本においても会社の目的は株主に対して利益を上げることとされてきており、この原則に基づいて会社のガバナンスが求められてきた。そして、翌年の2020年1月のダボス会議においても同様に会社の在り方を見直し、これまでの資本主義からの脱却が主要テーマとして論議された。ダボス会議はよくご存じだろうが、世界経済フォーラムが毎年1月にスイス東部の保養地ダボスで開催する年次総会のことだ。1971年、スイスの実業家であるクラウス・シュワブ氏が提唱して発足した会議で、世界を代表する政治家や実業家が一堂に会して討議するため、注目を集めてきた。2020年1月の会議では「ステークホルダーがつくる持続可能で結束した世界」をテーマに活発な議論が行われた。

ミルトン・フリードマンの「株主資本主義」

そもそも、株主資本主義の原則が主流になったのは、1970年9月13日号のニューヨークタイムズ・マガジン誌に寄稿されたミルトン・フリードマンの記事が始まりとされている。そこには「ビジネスの社会的責任は利益を増やすこと」と記されていた。今から50年も前のことであり、社会的構造も今とは大分異なる。しかしこの考え方が米国で主流になり、ヨーロッパや日本にも波及している。

ミルトン・フリードマンは「新自由主義」の考え方を打ち出した米国の経済学者として知られる。ノーベル経済学賞も受賞しており、基本的にはリベラルで「政府の様々な規制や補助金などの支援は不要で、市場のメカニズムに任せるのが経済にとって最も良い結果が得られる」という主張である。1962年に発表した「資本主義と自由」において「株主のための利益追求が資本主義における企業の責務」と主張している。もちろん、すべての米国の企業が賛同していたわけではない。例えばジョンソン&ジョンソンでは従業員はもとより、患者や医療関係者など今でいうすべてのステークホルダーの関係が重要だとしており、これらのクレドを現在に至るまで世界中の拠点でコーポレートフィロソフィーとして大切に遵守している。

こうしたフリードマンの説によれば、企業経営者がコーポレート・ソーシャル・レスポンシビリティ（CSR）のために寄付などすることは、本来株主に還元する利益を他に使うことで株主利益に反することになり、大きな問題だとしている。これに対して経済学者の岩井克人氏はかねて「フリードマンは大きな過ちを犯しており、経営者がSDGsなどに関連して寄付をすることはまったく問題ない。フリードマンは企業の法人としての性格を理解していなかった」と誤りを指摘している。

近江商人の「三方よし」

いずれにしても、ビジネス・ラウンドテーブルでもフリードマンの考え方に影響され、これまでは企業の目的を「株主利益の最大化」としてきており、企業経営の基本的原則とされてきたことは事実である。もちろん、日本でも株主資本主義は重視されてきたが、日本ではいわゆる近江商人の商売の極意、「三方よし」という考え方があり、これとは相いれないものであった。「三方よし」とは「売り方よし」、「買い方よし」、「世間よし」というものであり、まさしく「ステークホルダー資本主義」そのものである。

ちなみに、近江商人の商売の極意「三方よし」については、私は今の時代に合わせて考えれば「四方よし」だと言ってきている。四方とは、三方に「私」を加えるということだ。江戸時代や明治時代では「私」は「売り方(会社)」と一体であり、その中に含まれていたのだろうが、今日的に言えばやはり「私」と所属する会社、すなわち「売り方」は必ずしも同一ではないからだ。

さらに、近江商人の商売の極意がよく分かる「近江商人の商売十訓」というのがある。現在の経営にとっても意味あることが書かれているので、参考に記しておく。

〈近江商人の商売十訓〉

❶商売は世の為、人の為の奉仕にして、利益はその当然の報酬なり
❷店の大小よりも場所の良否、場所の良否よりも品の如何
❸売る前のお世辞より売った後の奉仕、これこそ永遠の客をつくる
❹資金の少なきを憂うなかれ、信用の足らざるを憂うべし
❺無理に売るな、客の好むものも売るな、客の為になるものを売れ
❻良きものを売るは善なり、良き品を広告して多く売ることはさらに善なり
❼紙一枚でも景品はお客を喜ばせる、つけてあげるもののないとき笑顔を景品にせよ
❽正札を守れ、値引きは却って気持ちを悪くするくらいが落ちだ
❾今日の損益を常に考えよ、今日の損益を明らかにしないでは寝につかぬ習慣にせよ
❿商売には好況、不況はない、いずれにしても儲けねばならぬ

ただし、実はこの「近江商人の商売十訓」については諸説あり、松下幸之助翁の経営哲

学をまとめて作成した松下電器産業（現パナソニックホールディングス）の「商売戦術三十カ条」が原点ではないかという説がある。そのため「近江商人の商売十訓」は、必ずしも近江商人が掲げたものであるとは証明されていないが、松下幸之助翁もこの近江商人の商売哲学を参考にしたといわれており、あまり出典に拘ることもないかと思う。いずれにしても、この「近江商人の商売十訓」は今の経営にとっても意味深く参考になることが多い。

ROE経営

さて、話を株主資本主義に戻すが、この株主資本主義はよくROE（Return On Equity：自己資本利益率）至上主義ともいわれてきた。上場会社はROEの増大に心すべきであり、8％以上を目指すべきだとされてきた。もちろんROEは企業にとって利益を上げることであるから、大切な経営指標値であることには違いはないが、ROEには注意すべき点もある。

図1-2に示すようにROEは当期純利益を自己資本で除したものであるが、売上高純利益率、総資産回転率、財務レバレッジの3つに分解される。売上高純利益率は当期純利益を売上高で除したもの、総資産回転率は売上高を総資産で除したもの、財務レバレッジは総資産を自己資本で除したものである。

ROEを上げるためには、分母を小さくするか分子を大きくすればよいことになる。基本的には業績を上げて当期純利益を増やすことだが、自己資本を減らすことも意味がある。そのためには配当を増やすか自社株を購入することだ。しかし、健全な方法ではないが財務レバレッジを活用してROEを上げる方法がある。つまり、借入を増やしてその資金で自社株を購入することである。自社株を購入すれば自己資本が下がるので業績とは関係なくROEが改善することになる。もちろん、借入についてはDEレシオ（負債資本倍率）など、別の観点からの適正値があり無制限に増やせるものではないことは自明だが、短期的には操作が可能である。

こうした「株主資本主義」から「ステークホルダー資本主義」への考え方の大変換は、ESG経営の高まりなど会社がサステナブルに存続し、成長していく必要があると考えられるようになったからである。

図1-2　ROEとは

ROE（%）＝当期純利益÷自己資本×100

ROE（%）＝売上高純利益率×総資産回転率×財務レバレッジ×100

$$\text{ROE（\%）} = \frac{\text{当期純利益}}{\text{売上高}} \times \frac{\text{売上高}}{\text{総資産}} \times \frac{\text{総資産}}{\text{自己資本}} \times 100$$

出所：筆者作成

第3節　COVID-19のパンデミックリスク

人類の歴史はウイルスとの闘いの連続

パラダイムシフトの2つ目は、新型コロナウイルス感染症のパンデミックである。野生のコウモリが真因かともいわれているが、その始まりは未だに明確ではない。２０１９年の暮れ頃から中国武漢を中心に感染が確認され、２０２０年に入りウイルスは現在のグローバル化によって瞬く間に全世界に広がった。当初はその実態もよく分かっていなかったこともあり、ロックダウンなどの大きな行動制限が世界中で行われ経済的にも大きなダメージを与えた。56年ぶりに東京で開催が予定されていたオリンピックも1年延期され、さらには無観客での開催という前代未聞のこととならざるを得なかった。

しかし、人類の歴史を振り返ってみれば感染症との闘いの連続であったともいえる。図1-3に古代メソポタミア文明の頃からの感染症との闘いを年表風に記すが、当時は正確な記録なども少ないので、数字は必ずしも正しくはない。いずれにしても人類は戦争と同様、常に感染症に怯え、その原因も正しく分かっていないので、神にすがったり、おかしな対処法なども広まっていた。

　COVID-19の感染が長期化すると、多くの知識人がこれまで人類が関わってきた様々な感染症との闘いを振り返ってコメントしている。特に14世紀のヨーロッパを中心にして広がったペストの例を引用される方が多かった。中世ヨーロッパの教会を中心とした社会構造や価値観がペストの流行によってパラダイムシフトを起こし、後のルネサンスにつながったという論調である。グローバル化によってまん延し、その後の社会を大きく変化させたことは、今回のCOVID-19と共通しているという説明である（図1-4）。

　ペストの発生と感染拡大ルートは諸説あるが、中

図1-3　人類の感染症との闘いの歴史

古代	メソポタミア文明で麻疹、エジプト文明で天然痘が流行
14世紀	ヨーロッパでペスト流行、全世界で7500万人の死者
16世紀	コロンブスにより天然痘が南北アメリカで大流行
19世紀	4回のコレラパンデミックにより5000万人の死者
20世紀	スペイン風邪が流行、400万人以上の死者
21世紀	SARS、新型インフルエンザ、新型コロナウイルスなど

出所：筆者作成

国河北省で始まったと言われる。その後、モンゴルの大軍が黒海の都市、カッファを包囲した。カッファはイタリアの都市国家ジェノバの植民地であった。ここから逃げ出したイタリア人がジェノバに戻り感染を広げた。ジェノバは当時、ヨーロッパにおいて通商上の要の都市であり、瞬く間にイタリア、フランス、そしてイギリスへとまん延していったと考えられる。

域内人口の3分の1ともいわれる大量の人が死亡したこと自体が衝撃的であるし、教皇や教会も黒死病の前には無力であることが明らかになり、その権威を失っていったことは特筆すべきことだ。旧来の人材が亡くなったことにより新たな階級から人材が登用され、こうした価値観の変化が結果的にその後に起こるルネサンスの大きなうねりの一つの源流となったのだろう。

図1-4　ペスト感染とCOVID−19の共通性

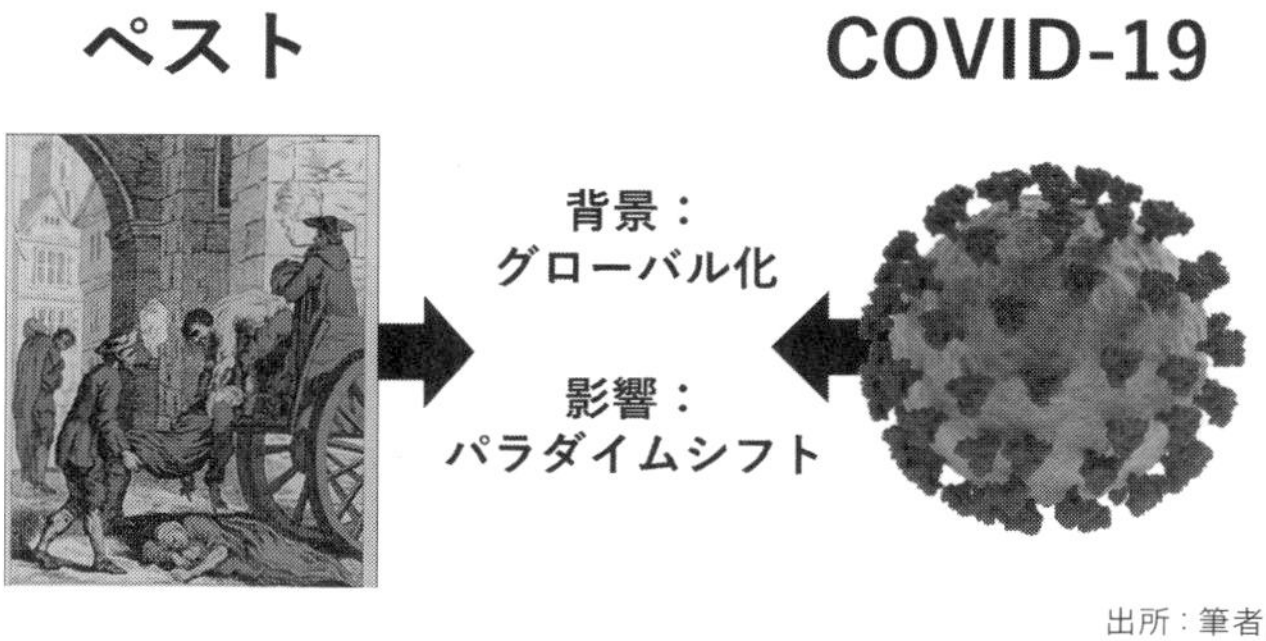

出所：筆者作成

最近では20世紀のスペイン風邪が挙げられる。まさに第一次世界大戦の真最中であり、医学を含む科学技術も進化してきているので、それなりの対応が取られたが、それでも多くの犠牲者を出すことになった。

日本でも皇室も含めて多くの有名人が感染し、約40万人が亡くなっている。例えば明治大正期の評論家、美学者、新劇指導者として名高い島村抱月である。愛人の松井須磨子が最初に感染し須磨子は回復したものの、その看病で抱月自身が感染し亡くなっている。須磨子もその2か月後、抱月の命日に後追い自殺している。また、東京駅や日銀本館を設計した辰野金吾博士、津田梅子とともに初めて米国留学し、帰国後大山巌の妻となり「鹿鳴館の華」と呼ばれた大山捨松も倒れている。

海外ではドイツの社会学者・政治学者のマックス・ウエーバーや「シラノ・ド・ベルジュラック」の著者、フランスの劇作家エドモン・ロスタンなど多くの方が亡くなっている。

ちなみに、スペイン風邪はA型インフルエンザであるが、なぜスペイン風邪という名前が付いたか知らない方も多い。当時は第一次世界大戦中であり、戦争当事国にとってはスペイン風邪の情報は機密事項であり報道などはなされなかった。一方スペインは中立であったので多くの感染状況が報道され、スペインで大いに流行っている感染症ということでこの名前が付けられたようである。

WHOでは差別や不利益の原因になることを避けるために2015年以降、人の新たな感染症には地名や動物の名前を使用しないことを推奨しており、アメリカのCDC（疾病対策予防センター）では「1918 pandemic」などと表記しているようだ。

21世紀に入っても感染症との闘いは続く。2003年にはSARS（サーズ）が発生し、2009年には新型インフルエンザが大流行し騒ぎになったことも記憶に新しい。

COVID-19が社会にもたらした変容

今回のCOVID-19の感染で世界中が大変な時代を過ごしているが、これら感染症は人から人に移るので、その防御策は基本的には人の移動を抑止することである。そしてマスク着用と手洗いの徹底という100年前のスペイン風邪でも行われていた予防策を今回も再確認している。当時の米国の様子を写真で見ると、医療関係者や警察官などはもちろん、オフィスで働く一般の社員でも皆マスクを着用している。

今回、これまでと異なっていることはデジタル技術が進化し、社会活動を継続する上で大きく貢献したことであろうか。

人と人との接触を極力おさえ3密の回避が言われたが、デジタル技術によって社会活動を継続することができている。会社ではテレワークが必須になり、ズームなどを利用したウェブ会議も当たり前になった。航空業界や観光産業など、人が移動することが前提の業界では直撃を受けたが、多くの業界ではデジタル技術により機能代替が見事に実現している。いくつかの業界の状況を見てみよう。

図1-5に示すとおり、食料品の確保では、ウーバーイーツや出前館など食料品のデリバリーサービスが世界中で盛んになった。また、米国のスーパーマーケットではカーブサイドピックアップという事前にネットで依頼しておくと、スーパーマーケットの駐車場などで

図1-5　デジタル技術の貢献

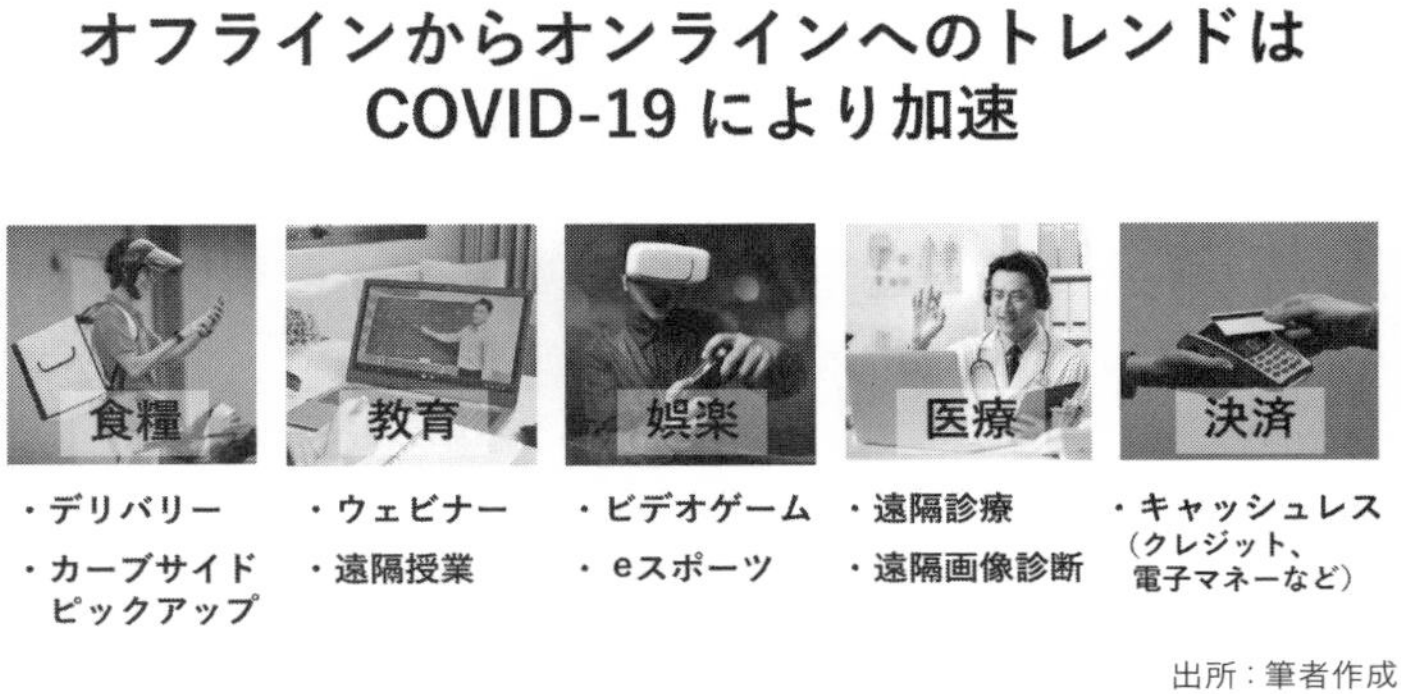

出所：筆者作成

商品を受け取ることができるようになっている。日本でもコンビニエンスストアでのオンライン配送サービスも活況を呈している。

教育界でも小学校から大学までオンライン授業が当たり前になった。もちろんインフラの確保や授業内容の変化など、負の側面も考慮する必要はあるが、新型コロナ禍が終息した後も、対面との両面で利用されることになるだろう。また、企業ベースでも、ウェブセミナーが活発に行われており新たな営業チャネルともなっている。新規ユーザーの情報（メールアドレスや電話番号、会社住所など）が容易に入手できる。さらに、セミナー終了後のアンケート調査によって、どんなことに関心を持っているか、困っていることは何かなど詳細な情報も入手できるし、個別のコンタクトも可能になっている。そのために、セミナーで使われた資料は、アンケートに回答した人しか入手できない仕組みも考えだされている。また、時間と場所を超越するので、対面で集客するより幅広い層を集めることができる。利用者サイドにとってもオフィスや自宅にいながらセミナーを聴講できるので、移動時間や、天候などにも左右されないメリットがある。

エンターテインメントについては、必ずしも緊急事態宣言やまん延防止等重点措置による巣ごもり状態を余儀なくされた新型コロナ禍だけが理由ではないが、ゲーム業界では後述するテクノロジーの飛躍的な進化も相まって様々な試みが行われている。大勢が参加できるeスポーツなども年々、市場規模、ファンの数とともに急成長している。

医療についてはメディアでもたびたび報道されているが、これまでなかなか承認されなかったリモート医療も、制限付きで認可されてきている。

決済については、お金の本質が転々流通性にあり、新型コロナ禍の影響で現金は誰の手を経ているか分からないことからウイルスの媒介にもなり得ると回避された。キャッシュレス決済（クレジットカードや電子マネーでの決済）が広がっている一因である。２０２１年度

図1-6　キャッシュレス支払額及び決済比率の推移

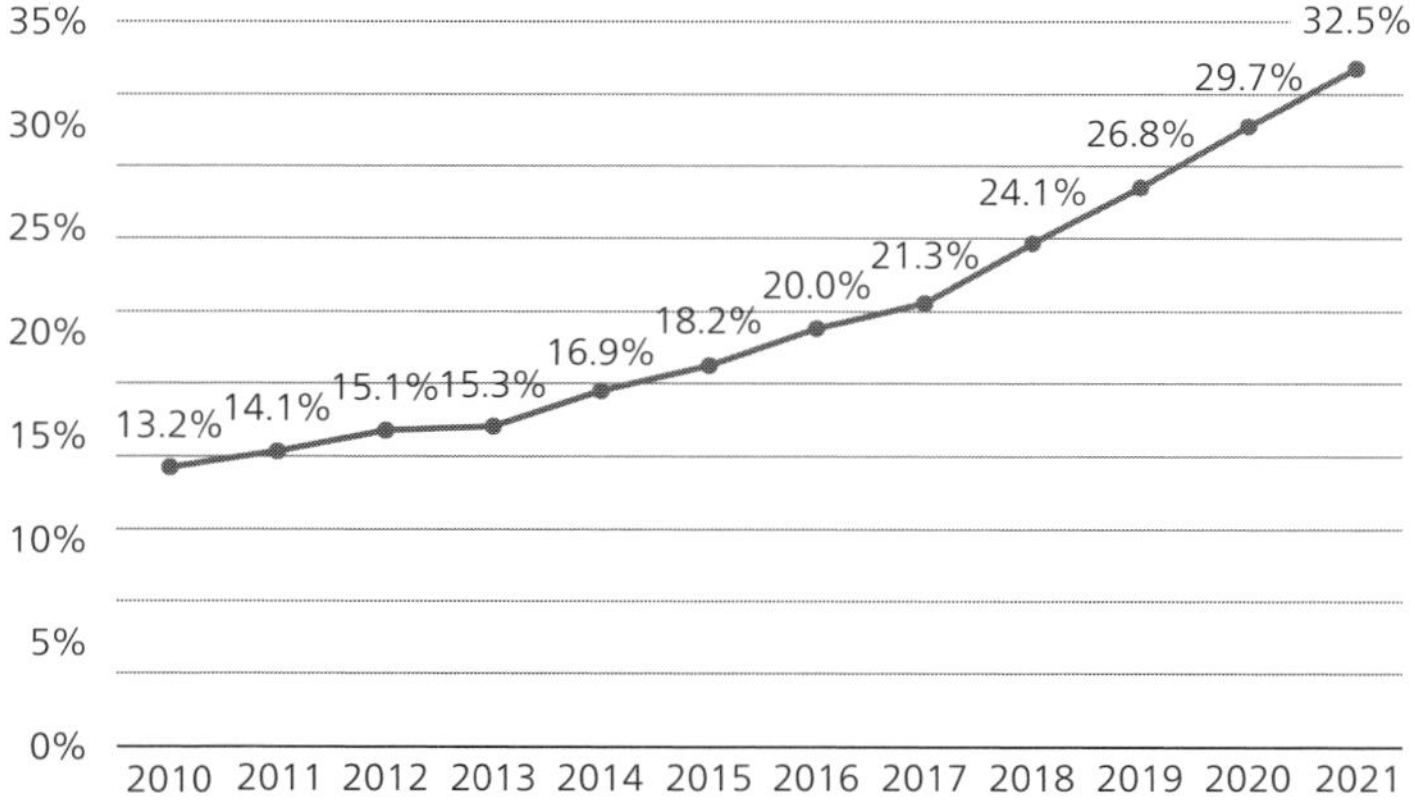

出所：「キャッシュレス支払額及び決済比率の推移」（経済産業省）<https://www.meti.go.jp/press/2022/06/20220601002/20220601002.html>をもとに筆者作成

ではキャッシュレス決済の割合が32.5％に達し、2019年からの2年間、年率2.8％〜2.9％の伸び率を記録している（図1-6）。

第4節 ロシアによるウクライナ侵攻

ウクライナ侵攻が明らかにした「情報の収集」の変容

3つ目のパラダイムシフトは2022年2月24日のロシアによるウクライナ侵攻である。直前まで行われていた北京での冬のオリンピックでプーチン大統領と習近平主席との会談が報じられており、パラリンピックの開催が控えていたこともあり多くの識者はロシアによるウクライナ侵攻はないとの見方が大勢であった。しかし、現実は戦いの火ぶたが切られた。2023年に入っても戦いは続いており、終息の道筋は見えていない。

この戦争がどう言う意味を持つのか。民主主義国家と権威主義国家の対立という構図だけではなく地政学的な様々な要因が考えられる。過去のことと思われていた先進国どうしの戦争が21世紀になっても現実のものとなり、さらに核の脅威など、あってはならない脅威も現実の問題として迫っているように思う。しかし、そうした歴史的な視点は別としても、ここでもデジタル技術の存在感がこれまでにないほど大きく感じられた。以下の3点が特徴的である。

❶ドローンの有効性（情報の収集）
❷インターネット利用環境の確保（情報の伝達）
❸ソーシャルメディアを含むメディア報道（情報の真実性）

まずドローンの利用では、ロシア、ウクライナ両軍ともに盛んに活用していた。主には民生用のドローンであるが、カメラを搭載することによって監視・偵察用ドローンとして大いに活躍した。戦争でこれほどのドローンが使われたことは初めてのことである。

ドローンの最大のメーカーである中国のＤＪＩ社は民生用のドローンが軍事用に使われることを忌避するという理由でロシア、ウクライナ両国への提供を中止すると２０２２年

4月に発表している。ウクライナ軍での活用状況は偵察用ドローンで撮影したロシア軍の戦争用車両の情報をウクライナ軍に伝え、それを利用してロシア軍を攻撃した様子がメディアでも多く報道されている。

偵察用ドローン以外にも攻撃用の自爆ドローンも多用されている。アメリカ製、トルコ製、イラン製など様々なドローンが開発され、実際に利用されているが、我々日本人としては、これらのドローンを海外のメディアの多くが「カミカゼ・ドローン」と呼んでいることには複雑な思いを禁じ得ない。いずれにせよ、このドローンの利用は情報収集の意味でこれまでの戦いを大いに変えるものである。

ウクライナ侵攻が明らかにした「情報の伝達」の変容

2つ目の「情報の伝達」では、強靭な情報ネットワークの確保が重要であると再認識させられた。2014年のロシアによるクリミア半島の併合により、ウクライナではインフラとしてのネットワークに対して様々な対策を講じてきている。しかし、今回の侵攻の2日後、2月26日にウクライナの副首相・デジタル改革大臣のミハイロ・フェドロフ氏が米国の電気自動車メーカー、テスラ社のCEOでもあるイーロン・マスク氏に「ウクライナでも衛星インターネットサービス『スターリンク』を使えるようにして欲しい」とツイッターで要望したところ、わずか10時間30分後には、マスクCEOから「利用が可能になっており、端末も配送中」の旨返答があり、これによって、ウクライナでの情報伝達手段がより強力に確保された。

このように情報ネットワークが確保されていたことにより、戦術面でも大きな効果があったと思われるが、世界中のメディアによって戦争の状況がかなりの頻度で、しかもリアルタイムに近い形で家庭のテレビに映し出された。兵士のみならず一般の市民もスマホを手にしており内蔵されているカメラによって、戦争状態でも撮影する余裕さえあればソーシャルメディアにアップできたことによる。

今回のロシアによるウクライナ侵攻に限った話ではないが、サイバーセキュリティについては多くの攻撃と被害が報告されている。この侵攻においてもロシア、ウクライナ双方での様々な攻撃が報告されている。重要なインフラ施設へのＤＤｏＳ攻撃を含む攻撃により麻痺させてしまうものや、プロパガンダとしてのフェイクニュースの拡散などである。アノニマスなど集団による攻撃も報告されており、攻撃者は世界中のいたるところから攻撃していることにも留意しておくべきである。

ウクライナ侵攻が明らかにした「情報の真実性」の変容

3つ目の「情報の真実性」についてもしっかりと見ておく必要がある。ロシア、ウクライナ双方から様々な映像がソーシャルメディアにアップされることによって、我々は戦争の状況を知ることができている。しかし、その映像そのものが本当に真実を反映しているかといえばそこには大きな疑問もある。

プロパガンダとして流される映像には意図的に仕組まれたものも少なからずあるからである。例えば、ロシアが侵攻した先で一般市民に水や食料を配布している映像も幾度となく流されている。配布されていることだけは確かであるし、市民がインタビューに好意的に答えているものもある。しかし、そこに流れる真実はしっかりと検証する必要がある。

典型的なディープフェイクの映像が3月にソーシャルメディアで拡散され大きな問題となった。ロシア側によりゼレンスキー大統領のスピーチがソーシャルメディアで流された。

「最初私はドンバスを取り戻すことを決めたが、取り戻すことができなかった。だんだんひどくなってきた。あなたたちに『さよなら』を言いたい。武器を捨てて家族の元へ戻ってください。この戦争で死ぬ意味がない」

このスピーチは、ゼレンスキー大統領が降伏したような内容であり、明らかにフェイクである。映像の出来も稚拙である。首から下がほとんど動かず、顔の周りの影も不自然であり、よく見るとフェイクだと分かるが緊張状態の戦時下であればそれなりの効果もあったのではないかと思われる。

3月16日にはフェイスブックとユーチューブで偽動画が確認され、翌17日にメタ・プラットフォームズ社がフェイスブックから削除し、各社も即削除している。NHKのニュース番組「国際報道2022」でも伝えられている。

「ディープフェイク」と呼ばれる偽動画についてはウクライナだけではなく世界中で高度な偽動画が作られ、流されている。政治家や有名な女優などを貶めるための偽動画が多く報道されているが、金銭をだまし取るなどの犯罪行為にも使われている。したがって、逆にこうした偽動画を暴くAIも研究されており、偽動画を作成するときの画像合成における不自然さなどを疑似的に作り、AIに学習させることによって高い精度で偽動画を見分ける方法であり、日本の研究グループも90%以上の判別能力を示すなど大きな成果を上げている。

このように、ロシアのウクライナ侵攻はデジタルテクノロジーの世界において、これまでの常識では対応できないぐらい高度な影響を示している。

第5節　地球環境問題

SDGsと気候変動問題

この3年間に起こったパラダイムシフトのトリガーとなる3つの大きな出来事を記したが、これら以外にも価値観や社会構造を変える要因はいくつもある。一番大きいのは地球温暖化問題であり、ここ10年、世界中の政治家、科学者、経済人の最大の課題といってよい。まさにカーボンニュートラルの問題である。

我々の直接的な祖先であるホモサピエンスが生まれて20万年が経過しているが、18世紀の産業革命以来、人類はエネルギーをたくさん消費することによって豊かな暮らしを築いてきた。蒸気機関から始まりガソリンエンジンなどの内燃機関が発達し、自動車や火力発電所が世界中で稼働している。さらには航空機が我々の移動を高速かつ快適に実現させている。このように化石燃料の消費が爆発的に増加したことによって排出される二酸化炭素がいわゆる温暖化ガスとして地球の気温を上昇させてきた。

地球には大きな復元能力があり、植物の光合成などによって二酸化炭素は酸素に置き換えられる。しかし、わずか50年ほどの間に人類の経済活動が地球のキャパシティを超えてしまったことにより、今ここで爆発的に増える温室効果ガスを削減しなければ、不可逆的な悲劇が生まれることは明白である。地球の復元能力は確かに人類の想像を超えるほど大きいが、我々の活動が地球のキャパシティを超えるなどとは考えすらしなかった結果である。

また、多くの企業が報告書の中で取り上げているＳＤＧｓは、地球温暖化問題も包含して持続的に発展するようにと２０３０年までの目標を国連で定めたものである。ＳＤＧｓは文字どおり持続的開発目標値であるが、17の大きな目標はすべて人権の尊重からきている、まさに人が人らしく生きられる権利をしっかりと守っていこうという取り組みである。

地球環境問題がもたらした価値観の変化

さて、これらのことによってどんな価値観の変化が起きたのであろうか。色々な価値観が相互に作用しながらこれまで当たり前と思ってきたことも大きな変化を迎えている。そのいくつかを整理してみると次のようになる。

❶地球温暖化などの環境問題は、これまでの経済活動が地球のキャパシティを超えるレベルまでになってきたことが根本原因であり、これからはそれを乗り越える技術開発とともに社会規範の変化・共有が求められる

❷資本主義や民主主義によって人は生活のレベルも向上し豊かな生活を手にしてきたが、環境問題以上に人々の間で分断が進み、新しい資本主義や権威主義と対峙する民主主義の在り方が求められる

❸企業の目的（パーパス）も再考されており、会社と社員の関係性も見直されなければならない

❹科学技術の加速度的進化により、我々の生活するリアルの空間と、バーチャルに生み出された空間との連携が好むと好まざるとにかかわらず、密接に結びついてきており、その利便性と脅威をしっかりと検証していく必要がある

こうして、いくつもの要因が複雑に絡み合って、今、過去に経験したことがないほどのパラダイムシフトが現在進行形で起こっている。その大きな原動力の一つがＩＴ（Information Technology）の指数関数的な進化である。次章ではこれらについて最新状況をお話しする。

第2章

社会の変遷

第1節　アルビン・トフラーの「第三の波」

パラダイムシフトを捉えるための「歴史の視点」

第1章で詳述したように現在の世界はパラダイムシフトの真っ只中にある。パラダイムシフトは単なる変化とは異なり、価値観、規範、常識を根底から覆すものだから、変化は局地的なものではなく、経済も社会も変わり、会社や自分にも大きく影響を与えるものだ。

前著『自分のために働く』（ダイヤモンド社　2018年）でもご紹介したが、「歴史の視点」を持つことは非常に重要である。ともすれば目の前にある現実がすべてだと勘違いしてしまいがちであるが、「変わらぬものは何もない」ことを肝に銘じ、過去から未来へとつながる脈々と連なる時の流れを感じつつ「今」を捉えるのである。そうすると目にしているもの、直面している現実や困難が、別の意味を持って立ち現れてくる。

現代、そして将来を生きる私たちはパラダイムシフトという大変化を敏感に感じていかねば、それに適応していくことはできない。将来の社会のあり様を見通すためにまず歴史を顧み、そして「今」と「将来」の大きな流れ、つまり「パラダイムシフト」を自分なりに捉え、次に自分が何をすべきかを逆算的に導き出していくのである。

「第三の波」

人類の歴史観の一つの捉え方として、社会発展段階説が永らく唱えられてきた。社会発展段階説とは、社会全体の歴史的発展の行程にいくつかの段階を画して、社会発展の法則を明らかにしようとする理論であり、国の社会発展を類型化・法則化し、あらゆる国に同一の法則性を見出すものである。

米国の未来学者アルビン・トフラー氏は1980年に出版した『第三の波』（原題：The Third Wave）で、人類社会の発展を3段階に分けて説明している。出版当時、世界は衝撃をもってこの本を受け止めた。当時の私は日本電信電話公社の入社4年目の若手社員であったが、本書を夢中になって読んだことを今でも鮮明に記憶している。

本書によると、人類はこれまで社会変革の波を2度経験してきたという。第一の波は、新石器時代に人類が農耕を開始した「農業革命」であり、第二の波は18世紀半ばから19世紀にかけて起こった一連の「産業革命」だ。たしかに農業革命も産業革命も、単なる技術の発展のみならず、それ以降の人類に社会的・経済的に大きな変革をもたらした、まさに革命的といえる大波である。そして、これから人類に押し寄せる「第三の波」として脱工業化社会が到来すると予言した。トフラー氏自身が「脱工業化社会」という言葉を使ったわけではないが、工業化社会の次に来る社会として、今でいう情報化社会の到来を予言したのである。

驚くべきことにトフラー氏は人類が将来テレワークを実現することを本書で予言している。各家庭にコンピュータの操作卓やテレビ会議設備を備えることで、人々は一か所の集中した仕事場から電子機器を備えた「エレクトロニック・コテージ」に移行するというのである。まさに現在、新型コロナ禍で当たり前になったテレワークのことではないか。1980年といえばパソコンの黎明期であり、今のように誰でもが家庭で自由に使える時代ではない。そのような頃にテレワークを予測するとは慧眼というほかない。

第2節 Society 5.0（ソサエティ5.0）と「総合知」

わが国の科学技術の大方針

わが国の科学技術に関する政策は、周知のとおり文部科学省が所管している。同省が同じく所管する教育、スポーツ、文化と並び、科学技術はわが国の経済社会の発展、国民福祉の向上にとって欠くべからざるものだ。昨今の経済安全保障の論議でも最重要視されている。

現在、文部科学省の外局としてスポーツ庁、文化庁があるが、かつては「科学技術庁」という外局も存在していた。２００１年1月の省庁再編によって科学技術庁は廃止され、その所管業務は文部科学省に引き継がれたものもあれば、他の複数の省庁に引き継がれたものもある。個々の政策分野に関しては各省庁に分割されたわけであるが、各省庁の所管分野にまたがる総合的な科学技術政策は、内閣府に移管された。誤解を恐れずに言い換えれば、「科学技術の各論は各省庁、総論は内閣府」という区分とも捉えられる。いわば、わが国の科学技術の大方針は内閣府が担っているのである。

1995年11月、「科学技術基本法」が制定された。その目的は第1条に高らかに掲げられている。

> 科学技術基本法　第1条
>
> この法律は、科学技術（人文科学のみに係るものを除く。以下同じ。）の振興に関する施策の基本となる事項を定め、科学技術の振興に関する施策を総合的かつ計画的に推進することにより、我が国における科学技術の水準の向上を図り、もって我が国の経済社会の発展と国民の福祉の向上に寄与するとともに世界の科学技術の進歩と人類社会の持続的な発展に貢献することを目的とする。

まさにわが国の科学技術の振興、育成の大方針だ。そして同法に基づき、「政府は、科学技術の振興に関する施策の総合的かつ計画的な推進を図るため、科学技術の振興に関する基本的な計画」（科学技術基本計画）を策定すべし、と定めた。科学技術基本計画は、基礎研究、応用研究および開発研究の推進のため、研究施設や研究設備の整備、研究開発に係る情報化の促進のための総合的計画であるとされる。

科学技術基本計画は5年ごとに見直されるのが通例であり、したがって、この「第○期科学技術基本計画」を理解することは、向こう5年間の科学技術政策の方向性、もっと言えばわが国が科学技術をどのような分野で、どのような方法で育てようとしているのかを理解する大いなる助けになる。

いわば、「日本の科学技術の中期経営計画」であると捉えてよいだろう。中期経営計画を見ずして、その企業の近未来を見通せることなどないように、「科学技術基本計画」を見ずして日本の将来を見ることはできない。

第5期科学技術基本計画

前節でアルビン・トフラー氏の『第三の波』について触れた。実は、日本政府の最近の「科学技術基本計画」は、私なりの捉え方では、『第三の波』の社会発展段階説に通ずるものがあると考えている。

2010年代に入りＩＴが特別なものではなくなり、社会や経済に高度に組み込まれたことを反映してか、ＩＴやデジタルの観点が世界各国の長期政策ビジョンに取り込まれることが多くなった。例を挙げれば、ドイツの第4次産業革命ともいわれる「インダストリー4.0」、中国の「中国製造2025」や「インターネットプラス」、米国の「先進製造パートナーシップ」が挙げられよう。米国でいえば、（端緒は政府機関ではなく私企業ではあるものの）GE（ゼネラルエレクトリック社）が提唱して産業界を巻き込むムーブメントを引き起こした「インダストリアル・インターネット」も重要だ。

しかし、これらの多くは製造業を念頭に置いたものだったり、産業や経済のみをターゲットしたものであった。ITやデジタルのパワーは確かに産業や経済に大きな影響を及ぼすものの、それにとどまらず、社会全体への多大な影響があることを考慮に入れなくてはならない。今、私たちが問題にしたいのは、「パラダイムシフト」である。これは製造業に閉じたものではなく、産業全体・経済全体に閉じたものでもなく、人類、社会の価値観、規範、常識を根底から覆すものであることは、前述のとおりである。したがって、それらの広い概念を踏まえた計画が必要となろう。

さきに日本の科学技術政策の「中期経営計画」に相当するものが「第○期科学技術基本計画」であると述べたが、実は日本政府の「第5期科学技術基本計画」において、社会の多面的な分野を念頭に置いたIT戦略ビジョンが掲げられている。それは「Society 5.0」

（ソサエティ5.0）であり、日本が世界に先駆けて唱えた、誇るべき未来社会の在り方のモデルである。

「ソサエティ5.0」は製造業や産業だけにとどまらず、エネルギー・資源・食料などの制約、少子高齢化や地域経済社会の疲弊といった社会全体の課題を解決することを目指したものである。

人間社会はソサエティ1.0からソサエティ4.0までの変遷をたどり、現在あるいは将来はソサエティ5.0を目指すべきものであるという。

・ソサエティ1.0……狩猟社会
　農耕が始まる前までの社会であり、狩猟や採集によって　食料を得ていた原始的な社会
・ソサエティ2.0……農耕社会
　農作が始まり小麦やコメを栽培し安定的に食料を確保できた社会。定住化が始まり人類社会の基本的なルールが形成されてきた社会
・ソサエティ3.0……工業社会
　蒸気機関が発明されたことにより生産性が上がり大量生産、大量

消費が実現できた社会。航空機の発明により人と物が自由に行き来できるようになり、グローバル化が加速された社会

・ソサエティ4.0…情報社会

インターネットとパソコンやスマートフォンが普及し、世界がネットワークで繋がりどこにいても自由に情報が入手できる社会。eコマースやウェブ会議など新しい手段が実現した社会

・ソサエティ5.0…スマート社会

サイバー空間（仮想空間）とフィジカル空間（現実空間）を高度に融合させたシステムによって成り立つ新たな社会。IoTで全ての人とモノが繋がり様々な知識や情報が共有され、AIにより、必要な情報が必要な時に提供されるようになり、ロボットや自動運転車なども活用される。経済発展と社会的課題の解決を両立してさらに発展する社会。

前記のとおり、ソサエティ5.0は単にITやサイバー空間が独立に発展・拡大するのではない。サイバー空間とフィジカル空間が融合するのである。その基礎はIoT、AI、

ビッグデータといったデジタル技術の発展が支えることになろう。単に自分自身とは別の場所で勝手にデジタル技術が育っていくのではなく、自身の今ここに生きている空間と溶け合っていくという現実感、「自分ごと」感が必要であろう。

第6期科学技術・イノベーション基本計画

「第5期科学技術基本計画」は、2016年から2020年の5年間を念頭に置いたものだ。では、2021年からの「第6期」はどのようなものだろうか。

人間や社会の在り方と科学技術やイノベーションとの関係が密接不可分となっていることが意識され、「人文科学のみに係る科学技術」および「イノベーションの創出」が「科学技術基本法」の振興の対象に加えられた。そして、科学技術・イノベーション創出の振興方針として、分野特性への配慮、あらゆる分野の知見を用いた社会課題への対応を目指すという要素を加味して、2021年4月に「科学技術基本法」は「科学技術・イノベーション基本法」に改正され施行された。これを受けるかたちで、「科学技術基本計画」も、第6期からは「イノベーション」という言葉が付加され、「第6期科学技術・イノベーション計画」と名を変えて2021年3月に閣議決定されている。

従来の「イノベーション」は企業活動における商品開発や生産活動に直結する用語であったが、経済や社会の大きな変化の創出についても語られるようになり、国家レベルでも重要視されるようになったのである。確かに、イノベーションは社会や国家運営の文脈でもしばしば登場するようになった。

また、「第6期」になって注目すべき点は、科学技術に関する計画提言は必ずしも自然科学の世界に閉じた話ではないことだ。科学技術といえば、数学、物理学、化学、生物学などの自然科学を想起しがちである。また、応用科学といわれる医学、工学、農学、薬学などもわが国ではいわゆる「理系」に属するため、実質的に自然科学の中の一学問領域に数えられることが多い。しかし、本計画によると、「科学技術・イノベーション政策が、科学技術の振興のみならず、社会的価値を生み出す人文・社会科学の『知』と自然科学の『知』の融合による『総合知』により、人間や社会の総合的理解と課題解決に資する政策となった」と説明されている。

現代はビジネスも科学も分業が進み、専門分野は数えきれないほどになっている。1人がすべての分野を統括することなど到底できなので、あらゆる分野のエッセンスを横断的に俯瞰できるクロスオーバー人材や、各分野の専門家を繋いで「総合知」を導き出せる人材が必要なのである。

また、第7章で後述するとおり、最先端の科学技術には、「光と影」、すなわち人類に利便性、豊かさ、幸福をもたらす一方で、大いなる負の影響を与える恐れも孕んでいる。負の影響は倫理観と法でコントロールしなければならないが、自然科学による最新技術の研究開発には、人文科学や社会科学と掛け合わせることによる「総合知」が欠かせない。

第3章

イノベーションとDX

第1節　イノベーションの5類型

先行研究1（ヨーゼフ・シュンペーター）

前章で、「科学技術・イノベーション計画」、いわば日本政府の科学技術に関する「中期経営計画」が、イノベーションを重視することをご理解いただいた。では、「イノベーション」とは何だろうか。手元の英和辞典によると、「Innovation」は「技術革新」であるという。しかし、前章で、これからのイノベーションは自然科学だけでなく、人文科学・社会科学を含めた「総合知」が必要であることを紹介した。すなわち、自然科学のみの色合いの強い「技術革新」という説明では不十分な可能性がある。そこで、ここでも歴史を顧みて、幾人かの先哲の研究をひも解いてみたい。

「イノベーション」について考える場合、誰よりもまずはヨーゼフ・シュンペーター博士に登場してもらわねばなるまい。シュンペーター氏は、19世紀後半から20世紀初頭まで広大な版図を誇ったオーストリア・ハンガリー帝国のうち、現在のチェコ共和国に相当する地域の出身の経済学者だ。彼は史上初めて「イノベーション」というものを定義した。彼が最初に「イノベーション」について述べた初期の主著『経済発展の理論』では、イノベーションを5つの類型に整理している。

イノベーションの5類型

1．新しい商品やサービス
2．革新的生産技術
3．新しい市場と販売チャネル
4．新しい原材料
5．新しい組織

「1．新しい商品やサービス」、これは当たり前といえば当たり前である。商品やサービスそのものが革新的であれば、それはイノベーションたり得る。身近なところでは、かつてのウォークマンやスマートフォンがそれにあたる。最近では電子マネーや、NFT（非代替性トークン：唯一無二のデジタルデータ）が登場している。

「2．革新的生産技術」も理解しやすい。自動車はそれ自体の発明が革新的であっただろうが1900年代の始め、T型フォードは流れ作業の生産方式によって大量生産に成功し、一般大衆も自動車を持つことができるようになった。トヨタ自動車の「カンバン」方式で有名なジャストインタイム生産方式は生産工程の中での細かなムダを省いてより高価値の作業を行うことで圧倒的に生産性を高め、世界の自動車市場を席巻した。

「3．新しい市場と販売チャネル」は、現在のeコマース（EC）が挙げられる。アマゾンが始めた書籍のインターネット販売が良い例である。従来型の書店販売では無理であったロングテール戦略でそれまで未開拓であった市場を切り開いた。今では書籍のみならず様々な商品が対象になり、オークション型やフリーマーケット型の市場も出現している。

「4．新しい原材料」は、例えば航空機の素材などがそうだ。昔の航空機の翼はジュラルミンなどの合金でできていたが、新しい航空機の翼にはカーボンファイバー（炭素繊維）を用いた新素材が採用され、軽量なために省エネで飛行することが可能となっている。

「5．新しい組織」は、一見、他の4つとは異なり違和感を抱くかもしれない。コンビニエンス業界のフランチャイズシステムなどが例として挙げられるが、私なりに言い換えれば、「仕事のやり方を変える」ということである。新しい仕事のやり方に合わせるために、権限の与え方を変える、人員配置の仕方を変える、コミュニケーションの仕方を変える、すなわち組織を新しくする、ということになる。

シュンペーター氏の主著『経済発展の理論』ではこのようにイノベーションを分類、定義したが、実は『経済発展の理論』には「イノベーション」という言葉は登場せず、「新結合（neue Kombination）」という言葉を使っている。のちの著書『景気循環論』において、「イノベーションとは新結合を遂行すること」として、ここで「新結合」ないしは「新結合の5類型」が「イノベーション」と結びついた。

シュンペーター氏は「経済活動の中で生産手段や資源、労働力などをそれまでとは異なる仕方で新結合すること」という。「新結合」とはまさに言い得て妙だ。イノベーションといえるようなサービスや製品は、必ずしも技術そのものが革新的である必要はなく、むしろ複数の「枯れた」技術を組み合わせることでイノベーションとなる場合がしばしばある。例えば、アップル社のアイフォーンは携帯型デジタル音楽プレイヤー、携帯電話、インターネットデバイスというそれまで存在していた3つの製品を1つのデバイスとして合体させたものだった。

シュンペーター氏は今日の発展した社会を想像すらできなかったと思うが、それから

100年近くが経過した現在でも、「新結合」とその5類型は色あせることなく、我々に新たな気づきを与えてくれる。

シュンペーター氏によって端緒を切られたイノベーション理論は、様々な領域に応用されていくが、ピーター・ドラッカー博士の『現代の経営』（1954年）、『イノベーションと企業家精神』（1985年）などによって経営学やマネジメントの領域にも組み込まれることになる。

第2節　2つのイノベーション

先行研究2（クレイトン・クリステンセン）

シュンペーター氏のおかげで、イノベーションの起こし方には類型があることが分かった。他にどのような切り口でイノベーションを分類することができるだろうか。

米国の経営学者クレイトン・クリステンセン博士の主著『イノベーションのジレンマ』が参考になる。これによると、イノベーションは持続的イノベーション（Sustaining innovation）と破壊的イノベーション（Disruptive innovation）に区別すべきという。持続的イノベーションとは、既存の顧客の既知のニーズに基づく製品・サービスの改善のことである。QC（Quality Control：品質管理）や「カイゼン」といった言葉があるように、製品の性能の高度化や、部品の置き換え、業務プロセスの見直しは、いわゆる優良企業の得意とするところだろう。

第6章でご紹介するが、ITの基礎技術は指数関数的に成長してきた。この成長は、時に破壊的イノベーションにも貢献してきたが、多くは持続的イノベーションの連続の上に成り立っている。例えば、CPUの性能（計算速度）の成長は、内部構造のたゆまぬ微細化によって成り立ってきたものであり、また部品のマルチコア化、マルチスレッド化といった内部構造を持続的に改善することによって徐々に、しかし確実に高性能化を図った結果だ。このように既存の製品・サービスをベースにして改善を試みることが、持続的イノベーションである。

従来型携帯電話（フィーチャー・フォン、いわゆる「ガラケー」）の仕様・スペックの数値が改善されていったのは「持続的イノベーション」であり、突如としてアイフォーン（iOS）やアンドロイドOSを搭載したスマートフォンが登場したことでインターネットが身近になったことは「破壊的イノベーション」といえるかもしれない。「ガラケー」華やかなりし2007年当時、本体の寸法の小ささを「最薄」と謳っていたある携帯電話の重量は90グラムであったが、これに対して同年に登場した初代アイフォーンは135グラムもあった。無数の携帯電話メーカーが1グラムでも軽くしようとしのぎを削っていたところ、アップル社はそれらの1．5倍も重い携帯電話を発売したのである。しかし、消費者、あるいは社会はスマートフォンを受け入れた。スマートフォンはあたかも従来型携帯電話のマーケットを「破壊」するかのように爆発的に普及し、一気に世界を席巻したのである。携帯電話の改良という「持続的イノベーション」と、携帯電話機能を有したインターネットに接続する超小型コンピュータという「破壊的イノベーション」の圧倒的な差である。

先行研究3（チャールズ・オライリー）

クリステンセン氏は、持続的イノベーションと破壊的イノベーションを挙げつつ、どちらかといえば破壊的イノベーションを重視していた。その考えをさらに進化させたのが、チャールズ・オライリー博士およびマイケル・タッシュマン博士だ。彼らの共書で、原題を『Lead and Disrupt』という本がある。直訳すると、「主導すること・破壊すること」とでも訳せようか。早稲田大学大学院経営管理研究科（早稲田大学ビジネススクール）の入山章栄教授は、この原題に対し『両利きの経営』という、意訳にして名訳を与えている。本書は「両利き（ambidexterity）」という言葉で、「知の深化（exploitation）」と「知の探索（exploration）」を高レベルで自在に使いこなし、バランスよく遂行することを比喩的に示している。「知の深化」とは、これまで伝統的な日本の企業が行ってきたような、既存の製品・サービスを深掘りをして磨き込んでいくことで、品質を高め、規模を拡大していくことである。一方で、「知の探索」とは、自身・自社の既存の認知の範囲を超えて、遠くに認知を広げていこうというものである。得意の右利きで既存業務の深掘りをするのと同じように、器用に左手も使いこなして新たな破壊的イノベーションを起こさねばならない。

クリステンセン氏は、持続的イノベーションの限界を乗り越えて破壊的イノベーションを重んじることを訴えたが、オライリー氏は、両方のイノベーションを同じくらい大切にすることを主張したといえる。

知の探索によって新たなアイディアが湧き、新たな製品・サービスにつながる。ただし、「知の探索」の成果は「知の深化」のそれと比較して不確実であり、時間やコストがかかる可能性が高い。一般的に企業は事業が成熟すればするほど、「探索」ではなく「深化」に偏重しがちであることが明らかにされている。これは日本の伝統的大企業だけの特徴ではなく、洋の東西を問わず起こることだ。実際、本書にはいわゆる外資系企業を含め、数々の顕著な事例が挙げられている。成功すればするほど「深化」に頼り切ってしまい、結局はイノベーションが起こらなくなる、いわゆる「サクセストラップ（成功の罠）」に落ち込んでいくのである。したがって、無意識に「深化」に偏らぬよう、「探索」を意識的に実行し、両者をバランスよくとる必要がある。まさに「利き手」だけに頼らない、「両利き」のイメージが表すとおりのふるまいをしないと、成熟企業、伝統的大企業にイノベーションは起こりにくい。本書の日本語版の書名には『両利きの経営――「二兎を追う」戦略が未来を切り拓く』と副題が付いている。「二兎を追う」ことは困難ではあるが、どちらかに偏重せず均一点を見出す姿勢が

図3-1　イノベーション類型の比較

クリステンセン	持続的イノベーション	破壊的イノベーション
オライリー、タッシュマン	知の深化	知の探索

出所：クレイトン・クリステンセン『イノベーションのジレンマ』、チャールズ・オライリーおよびマイケル・タッシュマン『両利きの経営』をもとに筆者作成

大切なのである。

『両利きの経営』（第1版）で取り上げられている、「両利きの経営」を成功させイノベーションを起こした企業の事例の一部を列挙する。

・ネットフリックス（米国）
・富士フイルム（日本）
・アマゾン（米国）
・USAトゥデイ（米国）
・チバビジョン（米国）
・フレクストロニクス（シンガポール）
・ダヴィータ（米国）
・ヒューレット・パッカード（米国）
・サイプレス・セミコンダクター（米国）
・IBM（米国）
・マイシス（英国）

・ブリティッシュ・テレコム（英国）
・ゼンサー・テクノロジーズ（インド）
・ハイアール（中国）

前記ではイノベーションを成功させた事例を挙げているが、本書にはイノベーションがうまくいかなかった例も挙げている。対照的なのが、祖業が同じフィルムメーカーである、富士フイルムと米イーストマン・コダック社である。銀塩カメラ（フィルムカメラ）とデジタルカメラの推移を見ていくと、デジタルカメラが１９９９年頃急速に伸びていく。オリンパス社が１９９７年に約１００万画素の高級デジタルカメラを出したことによって銀塩カメラからデジタルカメラへの世代交代が急速に進んだ。２０００年をピークにしてカラーフィルムが急速に落ち込んでいくが、この時にフィルムメーカーはどう対応したか。

富士フイルムは１９９８年頃にはフィルムや映像といったイメージングソリューション分野が売上高の半分以上を占めていた。ところがそののち大きな変化をくみ取って、２００２年にはイメージングソリューション分野を33％にまで下げ、インフォメーションソリューションやドキュメントソリューションと言われるような、同社にとっての新分野を開拓し始めたのだ。そして２０００年以降、40社の買収に90億ドル以上の投資をし、２０１１年にはイメージングソリューション分野は15%、フィルムに至っては1、２%ぐらいまでになっている。このインフォメーションソリューション分野には医療や半導体、最近では化粧品などの販売も含まれており、有名な芸能人を起用した化粧品のテレビコマーシャルは、一見とても富士フイルムのものとは思えないものであり、私自身もテレビコマーシャルに登場した「ＦＵＪＩ ＦＩＬＭ」のロゴを見て大変驚いたことを記憶している。また、新型コロナウイル

図3-2　銀塩カメラとデジタルカメラ

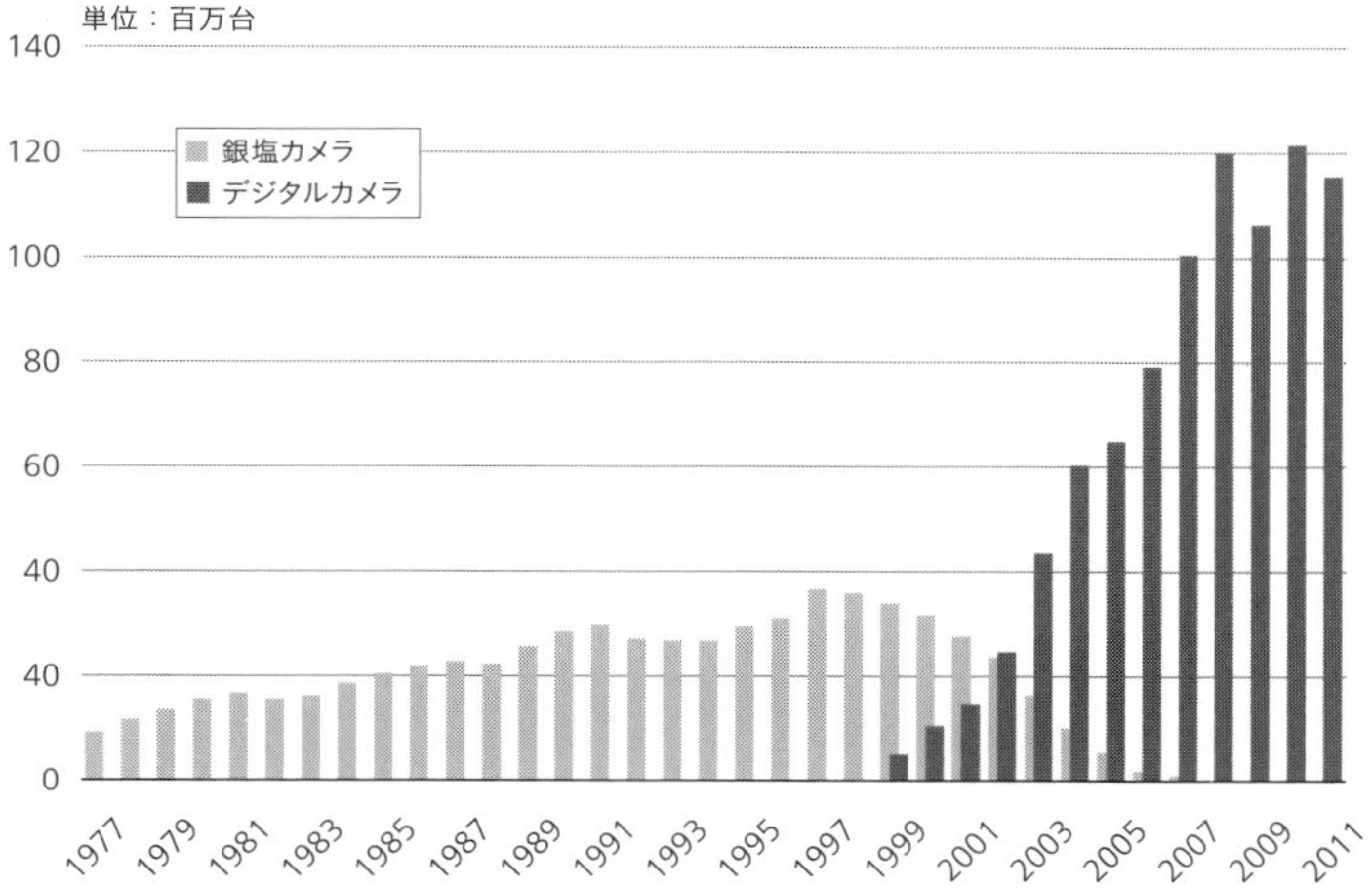

出所：カメラ映像機器工業会の統計「銀塩カメラの総出荷」および「デジタルカメラの総出荷」<https://www.cipa.jp/j/stats/report.html>をもとに筆者作成

ス感染症の治療薬として期待された「アビガン」も、富士フイルムのグループ会社である富士フイルム富山化学が開発していたものだ。

このような変化は、決してそう簡単に行われた話ではない。富士フイルムの中でかつてのビジネスモデルを守ろうとする人たちと、変えようという人たちとの大きな戦いがあったようである。紆余曲折があっても結果的には、単に自社の製品・サービスを改革するのみならず、ビジネスモデル全体、企業の文化・風土を根底から変えた好例である。たとえて言うならば、「車が売れなくなった自動車メーカー、鉄が売れなくなった鉄鋼会社はどうするのだろうか」という話とよく似ている。

一方で、米イーストマン・コダック社は別の道を辿った。同社は、2000年以前は富士フイルム以上に世界シェアの多いフィルムメーカーであった。我々ITの世界でも、マイクロフィルムで情報を保管する技術は圧倒的にイーストマン・コダック社が優位性を誇っていた。しかし、前述のとおり、銀塩カメラが徐々にデジタルカメラに取って代わられていく中で苦戦を強いられ、とうとう2012年1月には日本の民事再生法に当たるチャプター11（米連邦破産法第11条）を申請するに至ったのである。

当時の英エコノミスト誌は「瀕死のコダックと飛躍する富士フイルム」と表現し、「両社ともフィルム事業が時代遅れになることはみんな知っていた。どちらの企業も変化に対応しなければならなかったが、どうしてコダックが動けなかったのか」、「コダックはその強みにもかかわらず現状に満足する独占企業になっていた」、「変化が遅かったもう一つの理由は、同社の幹部が『まずモノを作り、売り出し、それに修正を加えるというハイテク世界の考え方ではなく、完璧な製品を作るというメンタリティーに囚われていたことだ』」とコメントを出している。イーストマン・コダック社のほうが技術的には優位で、個々の製品・サービスを改革する力があったのかもしれないが、富士フイルムは戦略において、あるいはビジネスモデル、企業文化、風土を変革する力を持っていたという対照的な事例であろう。ただ、イーストマン・コダック社もそののち企業変革を断行し、法人向け印刷サービス企業として生まれ変わった。2013年8月、チャプター11を脱する計画が連邦裁判所から承認が下り、同年11月、ニューヨーク証券取引所に再上場を果たしたのである。イーストマン・コダック社も現在では変革に成功した企業の1社に数えられるだろう。

第3節　イノベーションを起こすための「バックキャスティング思考」

このようにイノベーションについては学界で様々な研究が蓄積されてきているが、実際にはイノベーションを起こすことはたやすいとは決して言えない。「新結合」だからといって、思い付きで何でも結びつけて考えようとしてもうまくいくとは限らない。「結合」の組み合わせは無数にあり、そのような総花的なアプローチは非現実的である。また、「両利きの経営」が大事だからといって、気の向くままに思いついた案をのべつ幕なし試すようでは、いつか「知の探索」にかかるコスト、時間が「知の深化」のそれを超えてしまう。それでは「両利き」どころか、やがて本来の「利き手」すら損なうことになり、機能不全になってしまうだろう。

イノベーションを起こすための発想法の一つをご紹介しよう。国連の持続的な開発目標、ＳＤＧｓ（Sustainable Development Goals）が発想のヒントになる。ＳＤＧｓは人類が目指すべき未来社会を多面的に示したものであり、解決すべき課題を列挙したものであるからだ。わが国ではＳＤＧｓといえば、つい地球環境問題、気候変動問題に注目しがちだが、「Quality Education（質の高い教育をみんなに）」、「Gender Equality（ジェンダー平等を実現しよう）」、「Reduced Inequalities（人や国の不平等をなくそう）」、「Industry, Innovation and Infrastructure（産業と技術革新の基盤をつくろう）」といった、幅広なゴールが含まれている。この17個の目標はそのバックラウンドに「人が人らしく生きるために」といった、いわゆる人権を大前提にしていることを意識しておくべきである。

また、イノベーションの社会的な促進を担うある機関の提言によると、人口減少・超高齢化、インフラ・クライシスなど深刻な社会課題が他国より先駆けて顕在化しており、社会課題解決の機会が多数であることから、解決策となるイノベーションの創出により、日本が世界の社会課題解決の先駆者にもなれる可能性があることを指摘している。

クリステンセン氏の「持続的イノベーション」や、オライリー氏の「知の深化」のように、足元の改善によってイノベーションを目指すことも重要であるが、それだけではなく、「破壊的イノベーション」、「知の探索」も必要であることを既に示した。破壊的イノベーションを起こすには突飛な発想力が必要なように感じられる向きがあるかもしれないが、社会課題の解決を念頭に置いてみてはどうだろうか。国連のＳＤＧｓの17個の目標や、自身や自社が解決したい課題を念頭に置き、それを解決するために現況まで立ち戻り、経営方針、事業方針、製品・サービス開発方針を検討してみるのである。
いわば、現在を起点にその延長線上の未来を目指していく「フォアキャスティング」(fore casting)な思考ではなく、望ましい未来を先に設定し、そこから振り返って現在すべきことを考える「バックキャスティング」(back casting)な思考に切り替えることで、今ないし次に必要なアクションがあぶり出せるのである。

図3-3　バックキャスティング

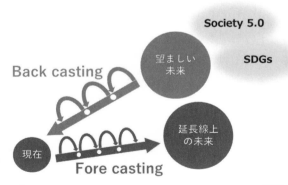

出所：筆者作成

第4節　デジタル・トランスフォーメーション（DX）

DXという表現

デジタル・トランスフォーメーション（DX）の必要性が叫ばれるようになって久しい。ここでも概念の本質に迫るため、デジタル・トランスフォーメーションという言葉の意味を問い直したいと思う。トランスフォーメーション（変革）というからには、変化を表す言葉である。チェンジ（change）、コンバージョン（conversion）、オルタレーション（alteration）ではない。チェンジはより一般的な「変化」程度の意味合いにとどまるし、オルタレーションは「本質は変えずに部分的に変える」「改造する」といったニュアンスであるが、これに対してトランスフォーメーションは、形・性質・機能などを「劇的にすっかり変える」といった意味合いだ。つまり、社会・企業・人が、変化する前と比べてまったく違ったものになる、くらいの激変であり、そのための覚悟が必要であるということだ。

また、デジタル・トランスフォーメーションの略語がなぜ「DX」であるかについても参考までに触れると、英語の場合「trans-」という接頭辞は「〜の向こうへ」「〜を横切って」という意味合いを語根に対して付与する。語根「form（形）」に接頭辞「trans-（〜の向こう側に）」が加わって、「transform（変わる）」となるわけだ。そして英語圏ではこの「trans-」を「X」で表すことがある。だから、「transmit」を「Xmit」、「transfer」を「Xfer」と表すこともあるのである。

DXの定義

DXにはいくつかの定義がある。最初にDXを唱えたのは、2004年1月、当時スウェーデンのウメオ大学教授であったエリック・ストルターマン博士の論文"Information Technology and the Good Life"だ。それによると、

> "The digital transformation can be understood as the changes that the digital technology causes or influences in all aspects of human life."
> 「DXとは、デジタル技術が人間の生活のあらゆる側面で引き起こしたり

影響を与える変化であると捉えることができる。」

と定義している。この定義はＤＸという言葉を世に送り出したという意味で重要であるが、この段階では「ＩＴが生活をあらゆる面で良い方向に変化させる」といった程度の意味にとどまっている。

その後も様々な人・団体がＤＸに多様な定義を与えてきた。例えばＩＴ専門調査会社のIDC Japan は、

「企業が外部エコシステム（顧客、市場）の破壊的な変化に対応しつつ、内部エコシステム（組織、文化、従業員）の変革を牽引しながら、第３のプラットフォームを利用して、新しい製品やサービス、新しいビジネスモデルを通して、ネットとリアルの両面での顧客エクスペリエンスの変革を図ることで価値を創出し、競争上の優位性を確立することを指す。」

２０１７年12月　IDC Japan "Japan IT Market 2018 Top 10 Predictions"

としている。この定義で企業がその顧客の変革を推し進めるという要素が付加された。特にＩＴ企業が単にソフトウェア、ハードウェア、およびそれらを統合したシステムを提供するだけでなく、「変革」という価値をもたらすべきであるということを示しているように思われる。

私はさらに、顧客だけでなく自社も変革するという要素を付加したい。また、個々の業務を改善するだけでなく、製品・サービス、として会社全体すら変えてしまうという意味合いが重要である。それを踏まえると、私は経済産業省による次の定義がもっとも適切であろうと考えている。

> 「企業がビジネス環境の激しい変化に対応し、データとデジタル技術を活用して、顧客や社会のニーズを基に、製品やサービス、ビジネスモデルを変革するとともに、業務そのものや、組織、プロセス、企業文化・風土を変革し、競争上の優位性を確立すること。」
>
> 経済産業省「ＤＸ推進ガイドライン」２０１８年12月
>
> https://www.meti.go.jp/policy/it_policy/dx/dx_guideline.pdf

一見長文に見えるが、逆に言えば、これくらいの文章でないとDXが社会や人類に与える影響を十分に表現しきれないということでもあろう。組織やプロセスを変えることはしばしば行われるが、企業文化・風土を変えるとなると相当なハードルである。まさに劇的な変化、「トランスフォーメーション」である。

DXがなぜ必要か

DXはなぜ必要なのであろうか。一つには、人手不足への対処、生産性の向上が背景にあるといえる。日本の企業は約350万社あり、その99%以上が中小企業や小規模事業者である。社数のみならず、従業者数で見ても、中小企業・小規模事象者で働く人は3,200万人にも上り、全企業数の約7割を占める（民営のみ、一次産業は除く）。

私は日本商工会議所のデジタル化推進専門委員会（旧名：IoT・AI・ロボット活用専門委員会）の委員長を務めている。中小企業のデジタル化を推進するための、会員企業どうしの意見交換、情報提供、勉強会を通じ、互いの知見の向上と政界、官界、財界への情報発信、提言を行うためのプラットフォームである。実際、中小企業の現場感のあるDX事例は生々しく、また非常に参考になるものばかりだ。そこで集約された中小企業にとってのデジタルの課題を、デジタル大臣や与党幹部などの政界・官界に提言する活動も行っている。

さて、そんな日本商工会議所のある調査によると、中小企業の経営者のうち、約6割が「人手不足」であると回答している。当然、これへの対応策として従業員の雇用を増やそうとしているが、わが国の労働人口は減少の一途であり、外国人の雇用も課題が多い。どうしてもＩＴ化、デジタル化による生産性向上は必要とならざるを得ない。

２０２５年の崖

ＤＸが必要であるとしても、いきなりＤＸすることが難しいという声もある。そうした場合はステップ論で取り組むのもよいだろう。後述するデジタル技術とは何かを学ぶことも大切だが、自社の業務がどのようなシステムによって運営されているのか、どんなデータが集められどのように使われているか調べてみるのも知識が深められる。そうして、ある程度理解が進んだら、今の業務を遂行する上で、どんな点が問題なのか、どうすればもっと効率よく進められるか考えることだ。そして、その解決策として、既存のＩＴツールを導入できないかの検討から始めるのがよい。ＩＴ業界では「パッケージソフト」などというが、既成のソフトウェア、市販のソフトウェアでよいから、まずはIT化を試みる。例えば、いきなりAIシステムを導入することが難しければ、まずはRPA（ロボティック・プロセス・オートメーション）という、業務プロセス上の個々の具体的なオペレーションを自動化するソリューションをそのまま、ノンカスタマイズで導入してみるのである。それでうまくいけば前後の工程の業務プロセスもRPA化し、やがてカスタマイズや、AIといった技術的なステップアップをしていく。

DXの必要性は分かっているが、うまく実行できない、という声も多く聞かれる。それはなぜであろうか。経済産業省の「DXレポート」（2018年9月）で次のように指摘されている。

- 既存システムが、事業部門ごとに構築されて、全社横断的なデータ活用ができなかったり、過剰なカスタマイズがなされているなどにより、複雑化・ブラックボックス化している
- 経営者がDXを望んでも、データ活用のために上記のような既存システムの問題を解決し、そのためには業務自体の見直しも求められる中（＝経営改革そのもの）、現場サイドの抵抗も大きく、いかにこれを実行するかが課題となっている

（２０１８年9月7日　経済産業省「ＤＸレポート（サマリー）」）

多くの企業が何らかの基幹システムを使用しているが、そのシステムが複雑化、老朽化、ブラックボックス化する一方で、ＩＴ人材は引退し、システムを構成する部品である種々のソフトウェアは次々とサポート終了を迎える。このギャップが極まるのが２０２５年ごろであると目され、経済産業省はこれを「２０２５年の崖」と呼んで警告している。この「崖」を乗り越えられないと、２０２５年以降に年間最大12兆円の損失が生じると試算している。したがって、困難でも乗り越えなければならないのが「２０２５年の崖」であり、そのためのキーワードが「ＤＸの担い手」なのである。

さて、こうしてＤＸとは何であるかを見てきた。既存の定義の中で私がもっとも適切と考えているのは、前述のとおり、経済産業省による定義であるが、ここまで見てきた諸要素を加味した上であえて私なりに端的に言い換えれば、「Business transformation by digital」（デジタルによるビジネス変革）である。

今の社会は、ステークホルダー資本主義への変遷、新型コロナ禍、ロシアによるウクライナ侵攻など、世界的パラダイムシフトの真っ只中にあり、また、「２０２５年の崖」や労働人口の継続的減少などといった社会問題が山積している。かつ、「ソサエティ5．0」を目指すべき現代の私たちにとっては、「ビジネス」の枠を超えて社会を変革していくべきことであることから、「Social transformation by digital」（デジタルによる社会変革）と大きく捉えてもよいだろう。

第5節　ＤＸを起こすための心構え

従業員全員がＤＸ人材

私はある団体で、様々な業界の代表的企業のＣＩＯ、情報システム担当役員が集い、意見交換する会の会長を務めている。各社が取り組んできたシステムの高度化や人材育成など、様々な課題の共有は大変に有効である。ＣＩＯでなければ分かり合えない悩みも共有できる。当然ＤＸに関しても各社、様々な取り組みをしているが、そこで異口同音のように浮かび上がってくるポイントがある。ＤＸに関する人材の確保であり、会社の中で誰がどのようにＤＸを推進するか、という課題である。ある種の意識面の改革であり、メンタリティーの問題である。

ＤＸはデジタル技術、デジタルデータを扱うものであるから、情報システム部門の働きは絶対的に必要である。ではそれだけで済むかというと決してそんなことはない。製品やサービスを変革することも含まれるので、製造部門もＤＸの担い手である。経済産業省のＤＸの定義の中に、「業務そのものや、組織、プロセス（中略）を変革する」、とある。すなわち、管理部門・スタッフ部門や営業部門もＤＸの担い手である。つまり、従業員のすべてがＤＸの担い手であり、程度の差こそあれ全従業員が「デジタル人材」たるべきであり、イノベーションやＤＸを担う当事者であるという自己認識が必要である。

そしてある意味で最も重要なのが、経営者こそがＤＸを主導すべき立場にいるということだ。「ビジネスモデルを変革」、「企業文化・風土を変革」とあるが、これは組織の一部門や一従業員では成し得ない。多くの場合、経営トップ自らが大なたを振るうことが必要となる。これぞ大改革であり、経営者が先頭に立ってリードしていく必要がある。

「『ＩＴが苦手』では社長失格」

私がＮＴＴデータの社長を務めていた２０１５年、ある著名な週刊経済誌で、編集長と対談するという名物企画に取り上げていただいたことがある。対談自体は非常に盛り上がり、当時のＮＴＴデータの戦略や私の経営観を世に理解していただくために大いに役立ち実りあるものであった。対談からしばらくして、その記事が掲載された号を手に取りページを開いてみて、驚いた。誌面には対談中の私の写真があり、そこに大きな文字の見出しで「『ＩＴが苦手』では社長失格」と書かれていたのである。そこまで強い表現で話したつもりはないので、一瞬戸惑ってしまったが、私が対談で言おうとしたことをややキャッチーに言い換えてくださったのだろう。

対談の模様をご紹介すると、当時ＮＴＴデータではバチカン図書館に所蔵されていた、2世紀から20世紀にかけて羊皮紙やパピルス、和紙などに書き残された歴史的なマニュスクリプト（手書き文書）をデジタルアーカイブするというプロジェクトを前年の２０１４年から始めていた。人類の貴重な歴史的遺産を未来に引き継ぐともいえる一大プロジェクトを日本企業が受注したということで、国内外で非常に評判になっていたため、その事業の話題を端緒に、NTTデータの海外事業の拡大について、展望を語るところから始まった。対談が進むにつれ、日本企業の経営者のITへの意識について話題が移っていった。2015年当時は、日本企業の一部では、まだまだITや情報システムを「コスト」と見なす風潮があり、私は危機感を覚えていた。当時は一部の経営者と話していると、「私は文系出身でITがよく分からないので、当社の情報システムはCIOや情報システム部長に一任している」などという方がいた。ITは確かにコストと捉えられる面もある。またITは非常に高度な専門知識と技術の蓄積の上に成り立っており、その全容を仔細に理解することは困難である。しかしながら、世界のリーダー企業の間では、ITはコストではなく「稼ぐ」ためのツールと位置づけられており、ビジネスをさらに推し進めるためのドライバーであると考えられていた。当時は欧米との差に歯がゆさを感じたものだ。

しかし考えてみて欲しい。「私は貸借対照表や損益計算書が苦手なので、財務のことはCFOに一任している」などと言う経営者がいるだろうか。経営者が財務諸表をまったく読めないなどということはないし、あってはならない。私自身、工学部出身で長くエンジニアやプロジェクトマネージャーを務めていたが、経営に携わるにあたっては、経営に必要な知識として、財務・会計のことは懸命に学んだ。苦手であろうと得意であろうと経営者である以上は取り組まねばならないし、まして文系だ、理系だといったことなどとは一切無関係だ。

無論、一生懸命学んだとはいっても、財務部門のキャリアの長い社員に比べれば、テクニカルな知識は及ばないだろう。しかし、自社、業界、社会全体を俯瞰して全社戦略、事業戦略を立てるために必要な知識は得ていたし、海外出張に行って世界の名立たる金融機関のアナリストと質疑応答をし、ディスカッションができるレベルまでは必死に学んだ。

それと同じように、経営者は必ずしもＩＴのテクニカルな内容、例えばＣＰＵの構造やストレージのメカニズムの詳細な知識は必要とは限らないが、それでもＩＴの基本的な知識や価値は理解していないといけない。ＩＴやデジタル技術が自社や業界にどのように影響し、どう活かせば企業価値を最大化できるのか。その考えを経営者が語れないと「２０２５年の崖」を乗り越えることは危うい。

さすがに現在では日本企業でもＩＴはコストであるとされるケースは少なくなってきており、「ＩＴが苦手」と公言する経営者はほとんどいない。しかし、今後はＩＴを理解するのみならず、デジタル技術やＤＸの自社にとっての意味を理解できないと、経営者としてパラダイムシフトの困難な時代を生き抜いていくことは難しいだろう。

第4章

指数関数的成長とシンギュラリティ

第1節 指数関数的成長のパワー

指数関数的変化と直線的変化

分析とは何か。それは一説には、課題を「分けること」だという。また一説には「比較すること」だという。どちらも正しい。前章まで、「社会の変遷」や「イノベーション」といった、変化・変遷を見てきた。変化・変遷に「分けて」類型化し、それらを「比較」して理解することも、現代を理解し、将来を予測していく上での大いなる一助となるだろう。

本章では、指数関数的成長（エクスポネンシャル・グロース）をキーワードとしたい。指数関数的成長とは、ある量が増大する速さが、増大する量に比例することである。数学的には高校生が学ぶ微分で説明できるレベルのことであるが、要は、「時間の経過とともに増加量そのものが増えるので、ネズミ算的に爆発的に総量が増える」という大成長である。

これに対するのは直線的成長（リニア・グロース）だ。これは単なる一次関数的な成長で、一定時間が経過するごとの増加量は変わらない。

ここまで、「パラダイムシフト」、「イノベーション」、「DX（デジタル・トランスフォーメーション）」という、「変化」に関するキーワードを見てきたが、目の前の「変化」が指数関数的成長なのか、それとも直線的成長なのか、それを見極めることが大切だ。

曽呂利新左衛門

デジタル技術は、それぞれの分野の専門家によって日々研究開発が続いている。もちろん各技術分野それぞれにおける成長発展によるものだが、見逃せないのは、それら技術分野を支える基礎技術も、何十年にもわたって指数関数的に性能を成長させていることだ。

「指数関数的に」（エクスポネンシャルに）というのが重要なところである。単に線形的・比例的に（リニアに）成長しているのであれば、他の技術分野でもあり得ることであるし、成長の未来を現在の延長線上に予測することは比較的たやすい。しかし、指数関数的成長により、技術の未来は予想を超え続け、そして時には暴力的と言えるほどの爆発的成長を遂げているのである。

指数関数的成長の威力を、たとえ話で感じていただこう。曽呂利新左衛門（そろりしんざえもん）という人物をご存じだろうか。大名の側近として雑談相手になったり笑い話を披露したりする役職である御伽衆《おとぎしゅう》を務めた人物であり、かの豊臣秀吉に仕えたとされる。実際に存在したとも架空の存在とも言われる人物である。もともとは堺の街に住む刀の鞘を作る職人で、作った鞘には刀がそろりと（なめらかに）収まるのでこの名がついたという。ある日、秀吉が曽呂利新左衛門に褒美を与える際、何を希望するか尋ねた。すると曽呂利新左衛門は「今日は米1粒、明日は倍の2粒、明後日にはさらに倍の4粒、というように日ごとに倍の量の米を50日間賜りたい」とおずおずと所望した。秀吉は「欲のない奴だ。毎日家来に運ばせよう」とばかりに快諾したが、しばらくして家来からの進言で、日ごとに米粒を増やしていくと50日後には膨大な量になることに気づき、あわてて曽呂利新左衛門に褒美を変えるように伝えたという。

ちなみに、1か月後（50日目）にもらえる粒数は2の49乗なので、約560兆粒ほどになり、5万粒で約1kgなので、約1125万トン（1億9千万俵：60kg／俵）にもなってしまう。日本における米の生産量は約750万トン（2021年産）なので、これをはるかに超えてしまう。

第2節　シンギュラリティ

レイ・カーツワイル

シンギュラリティ（singularity）という言葉がある。「著しい」「並外れた」という意味の形容詞シンギュラー（singular）の名詞形だ。日本語では、「技術的特異点」と訳されており、ＡＩ（人工知能）が人間の脳の能力を超える転換点を指すようになっている。

「シンギュラリティ」は、米国の未来学者であり発明家でもあるレイ（レイモンド）・カーツワイル氏が、２００５年に著した『シンギュラリティは近い』（原題"The Singularity Is Near"）によって、広く知られるようになった。カーツワイル氏は、本書の中でシンギュラリティをこう定義している。

> シンギュラリティとは、われわれの生物としての思考と存在が、みずからの作りだしたテクノロジーと融合する臨界点であり、その世界は、依然として人間では

あっても生物としての基盤を超越している
（『シンギュラリティは近い』第1章「6つのエポック」）

実は本書には、"The Singularity Is Near"というタイトルのほかに"When Humans Transcend Biology"という副題が付けられており、直訳すれば「シンギュラリティは近い"人類が生物学的存在を超えるとき"」である。これが最初に出版された時のタイトルは「ポスト・ヒューマン誕生"コンピュータが人類の知性を超える時"」（NHK出版）であった。まさに次なる人類、「ポスト・ヒューマン」を予言するかのようなタイトルであり、名訳であると思う。

カーツワイル氏は、「人間の能力が根底から覆り変容するとき」、すなわちシンギュラリティは2045年に到来すると唱えている。2045年にシンギュラリティに到達するかどうかは色々な意見はあるが、カーツワイル氏の様々な予測のいくつかは的中しており、決して無視できない。例えば、ヒトゲノム計画。「ヒトの遺伝子の塩基配列を解析する」というこのプロジェクトは、ヒトの遺伝子の1％の解析が終わるまでに7年を要した。多くの科学者は、「1％の解析に7年かかったのだから、すべてを解析するにはその100

倍かかる。すなわちあと700年かかる」と予測した。これは典型的な線形思考だ。しかし、カーツワイル氏は「1%終わったというなら、ほとんど終わりに近い」と考えたのである。次の年には2%、その次の年には4%、その次の年には8%、と予想し、つまり「あと7年で解析は終わりだ」と予測し、ほぼそのとおりの結果となった。

デジタル技術の指数関数的成長

カーツワイル氏とは2016年3月に対談したことがある。面会の舞台は、米国シリコンバレーの「シンギュラリティ・ユニバーシティ」。ユニバーシティといっても学校法人ではなく、学位の授与もない。誤解を恐れずにいえば、株式会社とNPO法人の間のようなものである。より厳密にいえば、「ベネフィットコーポレーション」という米国の法人形態で、株主利益だけでなく様々なステークホルダーに対する利益を目的としたものである。「シンギュラリティ・ユニバーシティ」自体が、教育、エネルギー、環境、食糧、保健、貧困、セキュリティ、水資源などの人類の課題を、技術で解決することをミッションとしていることからも、ベネフィットコーポレーションは最適な形態であろう。

さて、その面会の際にカーツワイル氏と意気投合したことがある。それは、第6章で触れる「ITの3大要素技術」の指数関数的な変化の破壊力についてである。カーツワイル氏は、現在に至るまでのコンピュータの理論を確立した人物で「コンピュータの父」とも呼ばれるジョン・フォン・ノイマンの言葉を引用しつつ、このように言っている。

> 人類の進歩は指数関数的なものであり（定数を掛けることで繰り返し拡大する）、線形的（定数を足すことにより繰り返し拡大する）なものではない（中略）指数関数的な成長は魅力的で、最初の動きはゆっくりでほとんど目立ったところはないが、曲線の折れ曲がり地点を過ぎると、爆発的に増大しグラフの形が一変する
>
> （『シンギュラリティは近い』第1章「6つのエポック」）

この「曲線の折れ曲がり地点を過ぎると、爆発的に増大しグラフの形が一変する」というのは、指数関数的変化の特徴だ。図4-1のグラフも、前半はほとんど数値の変化がないに等しいようなものだが、ある一点を越えると急激に数値が上がっているのが分かるだろう。このような変換点をティッピングポイントという。

図4-1　指数関数的変化とティッピングポイント

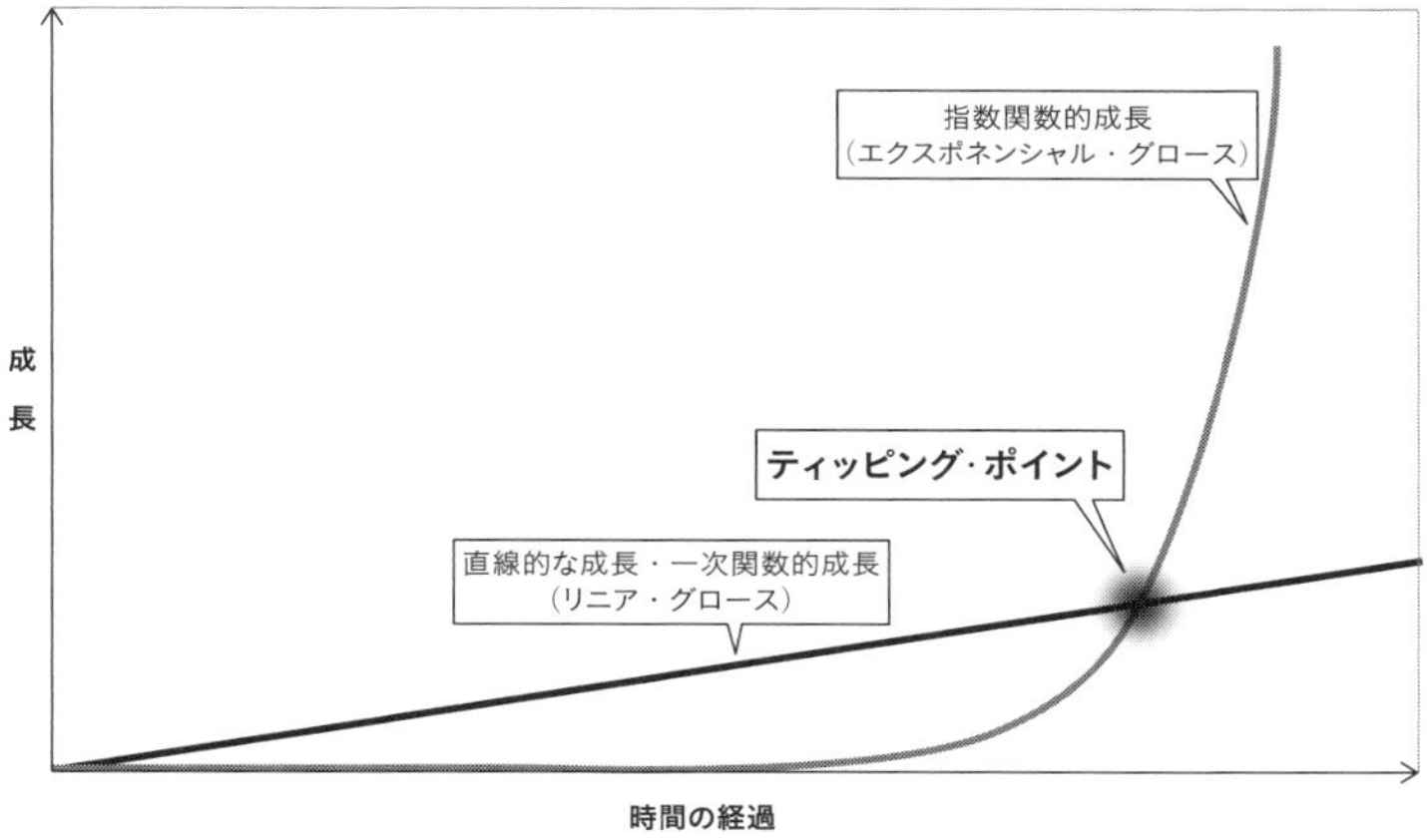

出所：筆者作成

サグラダ・ファミリア

指数関数的成長は、単に性能向上などグラフ上の数字だけの話ではない。デジタル技術は社会実装されたのち、社会を指数関数的に動かす場合もある。スペインのバルセロナにあるキリスト教の教会「サグラダ・ファミリア」（聖家族教会）をご存じだろうか。建築家アントニ・ガウディの作品群を構成する建築物の一つとして2005年にユネスコの世界文化遺産に登録された。建物自体は1882年に着工されたのち、完成までに300年を要すると言われていた。300年もかかるので、建築や設計に携わる人は何度も世代交代しているが、現在、主任彫刻家を務めているのは日本人の外尾悦郎氏だ。圧倒的な技術力と多くの技術者をまとめ上げる力量は突出しており、スペイン国民からの尊敬を集めている。私は外尾氏を講演にお招きし直接お話を伺う機会を得たことがあるが、その話しぶり、お人柄から、それだけの大事業を担うにふさわしい方であることが感じられた。

さて、そのような偉大な技術者・芸術家たちがガウディの想いを受け継いで建築・制作を続けて300年かかるということであったが、2013年になって、大変に耳目を集めるニュースが駆け巡った。当時の施設責任者が「ガウディの没後100年にあたる2026年に完成する予定」と発表したのである。1882年から300年というと、

2182年の完成ということになるが、それが2026年の完成となると、当初の見込みの半分以下の工期で完成するということになる。

なぜここまで工期が短縮されたかというと色々な要因があるが、新技術を含めた次の3点が大きい。

1つ目として、3Dモデルや3Dプリンターによる設計の効率化が挙げられる。従前は構造解析をするために、手作りのモデルを製作し、それに重りを付けて逆さ吊りにし、重りの引張力で安定させてシミュレーションをしていた。モデルにおける重りの引張力を、実物における天井からの圧縮力に見立てて、安定性を解析するのである。この模型は手作業で精巧なものを作る必要があり、非常に時間のかかる作業であった。それが、CAD（computer-aided design：コンピュータ支援設計）ソ

図4-2　サグラダ・ファミリアの工期の大幅な短縮

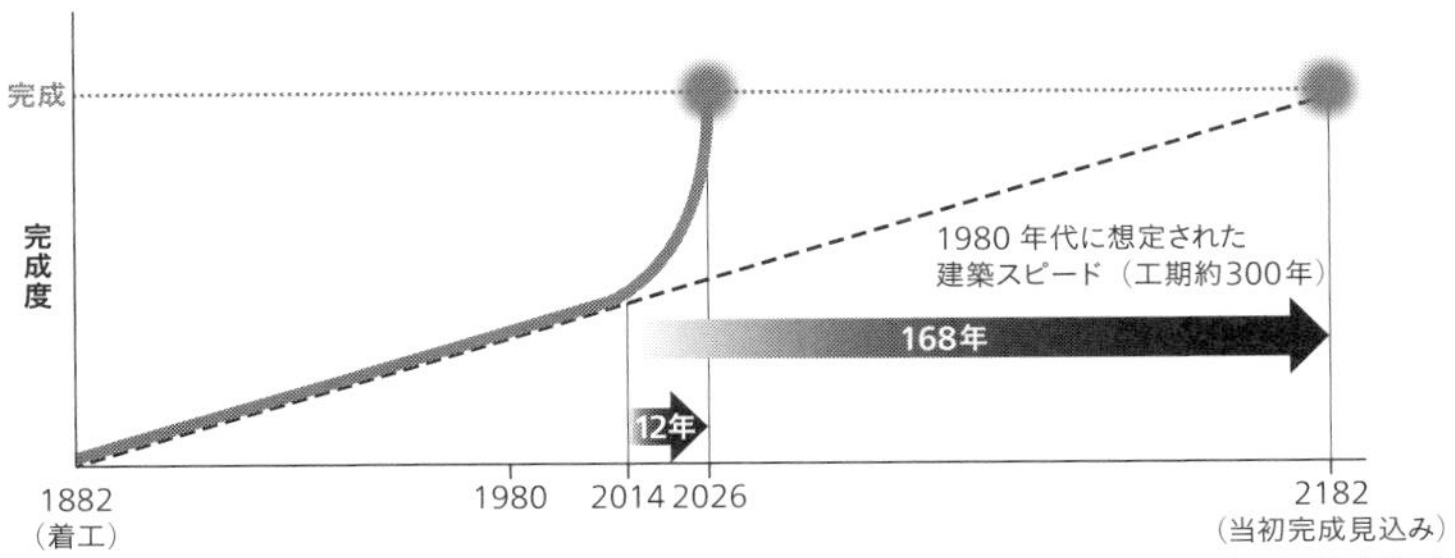

出所：筆者作成

フトウェアによる3Dモデルを用いた構造解析、および3Dプリンターで模型を作成することで、圧倒的に時間を短縮したのである。

2つ目は、実際に石柱などを作製する際の技術だ。従来は職人がノミと槌を振るって人手で作成していた。それに対して、現在ではCNC加工機を導入し、作業効率が飛躍的に向上しているという。CNC(Computerized Numerical Control)とはコンピュータ数値制御のことで、機械工作において工具の移動量や移動速度をコンピュータによって数値で制御するものだ。1つ目に挙げたような3D技術を活用した構造解析データをもとに、コンピュータ制御によって加工するのである。

そして、3つ目は資金確保である。サグラダ・ファミリアは「聖家族贖罪教会」という正式名称のとおり、工事費は基本的に寄進のみでまかなっていた。そのため資金難に陥り工事が中断することが、しばしばあったという。それが20世紀末から拝観料収入が増え、またスペイン随一の人気観光地となったこともあり、資金面での不安は払拭された。2010年頃には拝観料は数ユーロであったようだが、現在ではチケットの種類によって異なるが30~40ユーロに値上がりしており、技術面だけでなく拝観料にも指数関数的成長の波が押し寄せているのかもしれない。ただ、残念なことに新型コロナ禍の影響で観光客が激減したことで、いったん2026年に完成するとされた見通しも撤回されてしまった。

しかし、新型コロナ禍で中断されていた建設工事は再開され、中心に位置する象徴的な「イエスの塔」の建設も始まっており、近い将来の完成を期待したい。

第5章 デジタル技術

第1節　そもそも「デジタル」とは

デジタル≠アナログの対義語

第3章で「DX（デジタル・トランスフォーメーション）」について論じた。すでに「トランスフォーメーション」の意味合いについては触れたが、ではこの熟語を構成するもう一つの単語、「デジタル」とは何だろうか。

「デジタル」という言葉が人口に膾炙《かいしゃ》して久しい。「デジタル」という言葉を目にしない日はないと言ってよいだろう。行政においても2021年9月にデジタル庁が設置されたほか、岸田文雄政権のデジタル田園都市国家構想など、国家レベルでも重要視される概念である。すでに国語辞典に掲載された言葉としても、デジタルネイティブ、デジタル人材、デジタルサイネージなど、挙げればきりがない。果ては、デジタルディバイド、デジタルタトゥーといったネガティブな側面でも「デジタル」という言葉が使われるようになった。これは決して一過性の流行り言葉、いわゆるバズワードではない。私たちの日常に深く浸透しており、何ら疑問に思うことなく自然に「デジタル」という言葉を使いがちである。

しかし、「デジタル」の本質をどのようなものと説明することができるだろうか。「デジタルとは何か」。そう問われると答えに窮する読者もおられるのではないだろうか。語源をひも解いてみると、デジタル（digital）はラテン語の「digitus」（指）を語源としており、数、計数、桁などを指す英語「digit」（整数）の派生語である。おそらくは指折りをしながら物の数を数える様を表していたのであろう。これらは、時計などの「アナログ」の対義語としての「デジタル」を指しているが、ここで論じたい「デジタル」は、もちろんそれとは異なる。

私は英国に出張し、世界的に有名なある経済紙のトップと会談した際、「What is digital?」という質問を投げかけたことがある。彼はこれまで考えたこともなかった質問に面食らったようで、しばらく考えたのち、「Mr. Iwamoto, digital is digital.」と窮して答えた。もちろん、これは答えにならない答えであるが、読者はこの英国人の答え以上の答えを出すことができるだろうか。おそらく「最新のＩＴ関連技術」であるとか、「ＩＴによる業務効率化」であるとか、皆そういった漠たるイメージはあるものの、改めて問われると明確には答えられない。

２０２１年に制定された「デジタル社会形成基本法」によると「デジタル社会」を次のように定義している。要約して説明すると「インターネットやＡＩ、ＩｏＴ、クラウドコンピュータなど『情報通信技術』を用いて電磁的に記録された大量の情報を効果的に活用することによって、あらゆる分野における創造的かつ活力ある発展が可能となる社会」ということだ。つまり、「デジタル社会とはデジタル技術によって生み出される社会」ということなので、デジタルを理解するにはデジタル技術を網羅的に並べてみると分かりやすい。

SMACS

新型コロナ禍に見舞われてからはやむなく中断しているが、私は毎年のように米国を訪問し、ＮＴＴデータのお客様や、産・官・学の各界のキーパーソン、現地の社員と意見交換をするようにしている。対面で膝を突き合わせて話すとお互いの人となりも分かるし、それを礎にしてお互いの考えや発言の微妙なニュアンスも分かり合うことができる。新型コロナ禍をきっかけに面会や会議を非対面で行うことの利便性が認識され、それによって生産性の向上が図れることは確かである。しかし、非対面が浸透したことで、逆説的だが対面の価値を再認識できたという向きも多いのではないだろうか。

また、こうした訪問は一度きりではなく定期的に、できれば毎年行うことが望ましい。そうすることで、定点観測するかのごとく微細な変化も見逃さずに捉えることができるからだ。IT業界出身の私としては、最新の技術を牽引している大手テクノロジー企業、いわゆる「ビッグテック」の訪問を必ず行程に加えるようにしている。最新の情報は最前線にいる人が持っているものであり、物事の真実は現場にあるものだからだ。技術の進化・変化が激しいIT業界ではなおさらである。

さて、そんな米国視察を毎年実施している中で気づくことだが、2014年頃までは、流行のテクノロジーに関して、「SMAC」という言葉がしばしば聞かれた。「SMAC」とは、ソーシャル（Social）、モバイル（Mobile）、アナリティクス（［Big Data］Analytics）、クラウド（Cloud）の頭文字をとったアクロニム（複数の単語の頭文字を並べ、それら頭文字だけで1つの別の単語のように発音できる言葉）である。

ソーシャルはソーシャルメディアのことであり、インターネット上で個人が情報を受発信し、一種の社会性をもって相互につながるサービスである。フェイスブックやツイッターなどが含まれ、2010年代後半から急速にユーザー数が増え、ビッグテックになっていった。例えば米フェイスブック社（現メタ・プラットフォームズ社）がIPO（新規上場）したのは2012年5月のことである。ツイッター社のIPOは2013年11月のことだ。ちなみにNTTデータではアジアで唯一、ツイッター社からすべてのツイート（つぶやき、投稿）のデータをリアルタイムで受領し、そのデータをAPI（Application Programming Interface：外部のシステムとデータ授受する仕組み）を経由してお客様へ提供するインフラを構築している。NTTデータがツイッター社とこの契約を締結したのは2012年9月であり、まさに「SMAC」の時期だ。

新型コロナウイルスがまん延し始めた2020年、ツイッターの全つぶやきから情報を収集して、NTTデータの言語解析ツール「なずきのおと」を使って分析したところ、コロナ禍の中で「ソーシャルディスタンス」を意識する人がいかに多いかを定量的に把握することができた。

モバイルは携帯電話のみならず、スマートフォンやタブレット、スマートウォッチなど通信機能を備えた様々な機能を有したウェアラブル端末も含まれる。アップル社のスマートフォン「アイフォーン」が発売されたのは2007年6月、グーグル社の「アンドロイド」OSを搭載したスマートフォンが発売されたのは2008年9月のことだ。

アナリティクスはビッグデータ・アナリティクスのことである。従来は対応できなかった大量データ（ビッグデータ）を、ＣＰＵやストレージなどのＩＴの進歩により処理、分析することが可能となり、新たな価値を提供できるようになった。身近な例では個人の行動・購買履歴から、その人にふさわしい商品をレコメンドすることなどがある。

クラウドはクラウドコンピューティングのことであり、自分でサーバーやストレージなどのコンピュータ資源を持たずとも、サービスとしてコンピュータ機能を利用することができる。必要に応じて処理能力やストレージの容量を変更できるので、スタートアップ

図5-1　全世界での「big data」の検索数

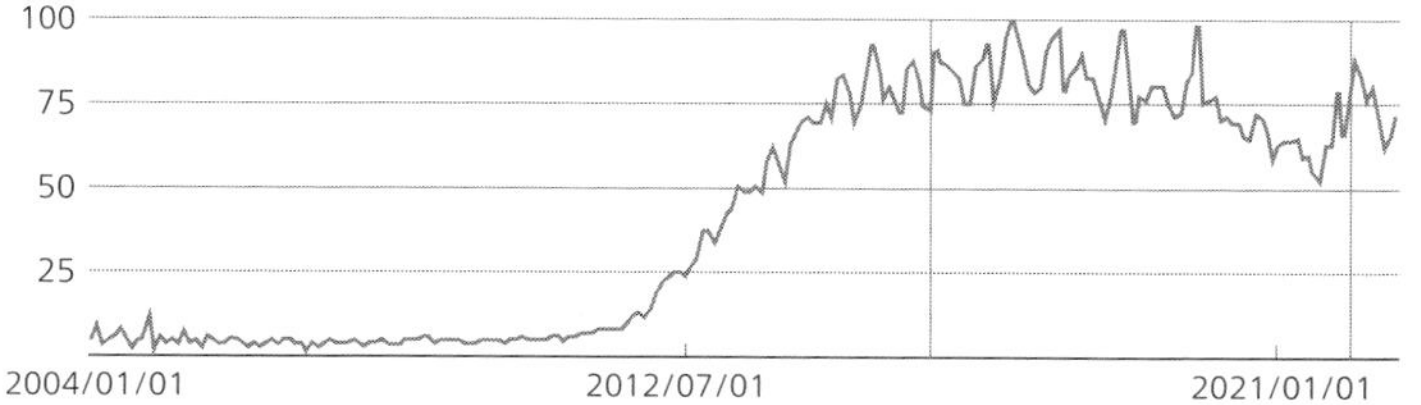

出所：「グーグルトレンド」で筆者作成

図5-2　全世界での「cloud computing」の検索数

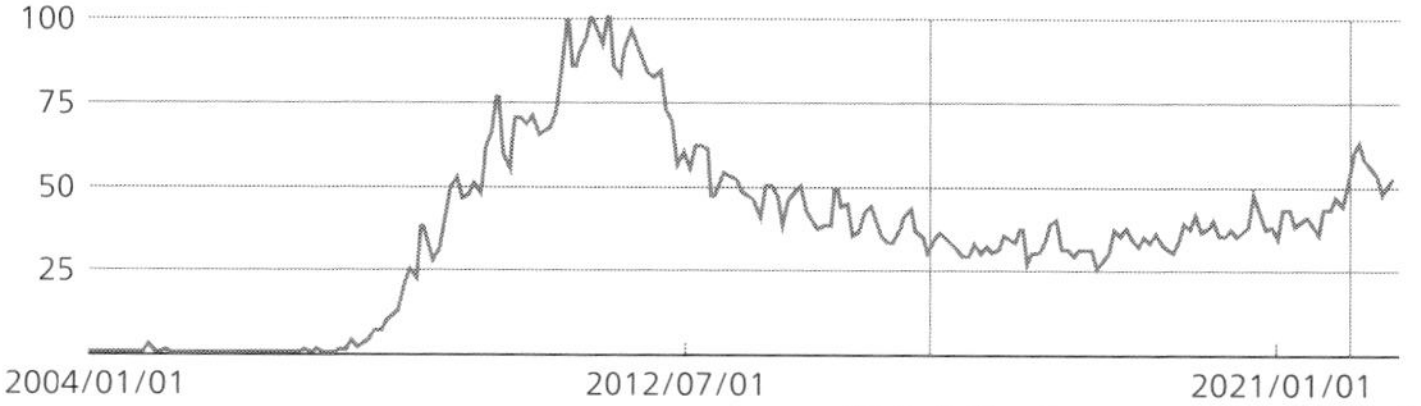

出所：「グーグルトレンド」で筆者作成

企業などが利用しやすい。

ビッグデータ、クラウドコンピューティングといった言葉が一般のマスメディアでも大きく取り上げられるようになったのもこの頃だ。「グーグルトレンド」という、ある単語がグーグルで検索された回数のトレンドを調べることができるツールがあるが、これで調べてみると、「big data」は2010年代前半、「cloud computing」は2000年代後半から検索数が激増している様が見て取れる。

その後、2014年頃に日本IBM社が末尾にセキュリティ（Security）の「S」を追加したことも相まって、「SMACS」と呼ばれるようになっていった。2000年

図5-3 SMACS

S	ソーシャル Social	ソーシャルメディア。インターネット上で個人などが情報を受発信し、一種の社会性をもって相互につながるサービス。ツイッター、フェイスブックなど。
M	モバイル Mobile	モバイルは携帯電話のみならず、スマートフォンやタブレット、スマートウォッチなど通信機能を備えた様々な機能を有したウェアラブル端末も含まれる。
A	アナリティクス [Big Data] Analytics	従来は対応できなかった大量のデータをCPUやストレージなどのITの進歩により処理・分析できるようになった。身近な例では、個人の行動・購買履歴から商品をリコメンドするなど。
C	クラウド Cloud	個々のユーザーが自前のコンピュータ資源を持たずとも、複数のユーザーが共用でサービスとして利用するサービス形態。「クラウドコンピューティング」の略。
S	セキュリティー Security	コンピュータを不正アクセス、サイバー攻撃、災害や事故から防御する。

出所：筆者作成

代半ばくらいから、悪意あるサイバー攻撃により被害が目立ち始め、例えば有名な国際ハッカー集団「アノニマス」が活動を始めたのもその頃であり、サイバーセキュリティの重要性が認知され始めていた。したがって、サイバーセキュリティが追加されることは自然な流れでもあった。

CAMBRIC

2015年頃からは、「SMAC」あるいは「SMACS」はあまり聞かれなくなり、いわゆる「デジタル」が使われ始めた。私の記憶ではその少し前から米国のITリサーチ会社のガートナー社が「デジタルビジネス」という言葉を使い始めており、そのデジタルが一般化したと考えている。その当時のデジタルは、「SMACS」にIoTとAIのインパクトが加わったものと考えると理解しやすい。

現在ではデジタルテクノロジーを表す言葉として「SMACS」が「CAMBRIC」という言葉に取って代われたように感じている。日本ではまだあまり一般化していないが、JISA（情報サービス産業協会）が『報告書 CAMBRIC-2021 ～DXのその先へ～』（2021年6月4日発刊）で紹介・推奨している。

図5-4　CAMBRIC

C	クラウドコンピューティング Cloud computing	前述の「SMACS」の「C」(Cloud) に相当し、引き続き重要な技術であり続ける。
A	AI Artificial Intelligence	AI（人工知能）は一部の分野で人間を代替しつつある。
M	モビリティ Mobility	「SMACS」の「M」（モバイル）で挙げたスマートフォン、タブレット、ウェアラブル端末に加え、今後はAR（拡張現実）、VR（仮想現実）のモバイル端末も大きな可能性を秘める。 さらに一歩進めて解釈すると「モビリティ」は自動運転技術、ドローン、eVTOL (電動垂直離陸機) も包含している。
B	ビッグデータ Big data	前述の「SMACS」の「A」([Big Data] Analytics) に相当し、引き続き重要な技術であり続ける。
R	ロボティクス Robotics	産業用ロボットは、FA (製造業のファクトリー・オートメーション) で広く活用されている。他にも高齢者の介護のためのパワーアシストスーツ、危険な場所で作業をする遠隔操作ないし自律式のロボットや、一種の愛玩用のコミュニケーションロボットまで、幅広く活躍しつつある。
I	IoT Internet of Things	「モノのインターネット」。あらゆるモノがインターネットに接続し、相互に情報をやり取りし、制御・操作するもの。これまではパソコンやモバイル機器などのコンピュータのみがインターネットを介して外界との結節点であったが、家電や小型センサーなどの身近のものを含むあらゆるものがデータを送受信している。
C	セキュリティー [cyber] Security	前述の「SMACS」の「S」(Security) に相当し、引き続き重要な技術であり続ける。

出所：筆者作成

「ＣＡＭＢＲＩＣ」は米国のコンサルティング会社のボブ・グーリー氏が２０１５年にツイッターでつぶやき、その翌年２０１６年5月に「The Seven Megatrends of CAMBRIC」というレポートを公開した際に使われた言葉である。

クラウドコンピューティング（Cloud computing）、ＡＩ（Artificial Intelligence：人工知能）、モビリティ（Mobility）、ビッグデータ（Big data）、ロボティクス（Robotics）、ＩoＴ（Internet of things：モノのインターネット）、サイバーセキュリティ（Cyber Security）の頭文字をとったアクロニムである。「ＳＭＡＣＳ」と重なっているワードが多いので理解しやすいと思う。

モビリティについては、従来のスマートフォン、タブレット、ウェアラブル端末に加え、今後はＡＲ（拡張現実）、ＶＲ（仮想現実）のモバイル端末も大きな可能性を秘める。さらに一歩進めて解釈すると、「モビリティ」は自動運転技術やドローン、最近話題になり始めたeＶＴＯＬ（電動垂直離着陸機：Electric Vertical Take-off and Landing aircraft）も包含しており、重要なデジタル技術の実装を意味している。

ロボティクスについては、産業用ロボットは、ＦＡ（製造業のファクトリー・オートメーション）で広く活用されている。他にも高齢者の介護のためのパワーアシストスーツ、危険な場所で作業をする遠隔操作ないし自律式のロボットや、一種の愛玩用のコミュニケーションロボットまで、幅広く活躍しつつある。

ロボティクスは必ずしも目に見えるハードウエアだけではない。ＲＰＡ（Robotic Process Automation）はパソコンで行っている事務作業を自動化できるツールというだけではなく、高度なＡＩにより、プロセス分析・改善、意思決定の自動化なども期待されるソフトウエアロボット技術も包含している。

ＩoＴは、あらゆるモノがインターネットに接続し、相互に情報をやり取りして制御・操作するもので、これまではパソコンやモバイル機器などのコンピュータのみがインターネットを介して外界との結節点であったが、家電や小型センサーなどの身近なものから、工場での様々な機械、道路や橋梁、交通信号機など、あらゆる「モノ」がデータを送受信しスマートシティなど自律的に動く社会を創設し始めている。

この７つの技術はそれぞれ単一で独立したものではなく、お互いの相互作用により性能、そして社会や人間への影響力を高め合っている。現在のデジタル技術と呼ばれているものは、この「ＣＡＭＢＲＩＣ」のような最先端の情報技術群であると捉えればよい。

第２節　ＡＩ（人工知能）がもたらすパラダイムシフト

ＡＩブーム

「ＣＡＭＢＲＩＣ」の７つの技術群の中で何といっても重要なのはＡＩである。ＡＩは１９５０～１９６０年代に第１次ブーム、１９８０年代に第２次ブームがあり、２０００年代に第３次ブームが始まったとされる。第３次ＡＩブームの立役者は、機械学習（マシンラーニング）と深層学習（ディープラーニング）である。

機械学習とは、ＡＩが自ら膨大なデータをもとにルールやパターンを学習する技術である。深層学習は機械学習の一種で、ＡＩが学習するデータについて、ＡＩが着目すべきデータの特徴を人間が指定する（これを「特徴量を指定する」という）ことなく、ＡＩが自ら特徴量を認識し、学習をするものである。例えば、赤いリンゴと青いリンゴを分類する際、「形」（どのリンゴも丸い）に着目するのではなく、「色」に着目して分類すると分類しやすいだろう。この「色」に着目することそのものをＡＩが行うのである。この機械学習および深層学習により、ＡＩの性能は飛躍的に高まり、第1次ＡＩブーム、第2次ＡＩブームとは異なって、今回の第3次ＡＩブームでは一部の分野では本格的に人間の代替をするまでになっている。ＡＩが人間を代替することで、これまでとはまったく異なる社会が訪れる。それは人類に多大な利便性と豊かさをもたらす一方、扱いを誤れば取り返しのつかない災厄をもたらす恐れすらある。詳しくは第7章に譲るが、プラスにもマイナスにも、それくらい多大な影響をもたらすポテンシャルがあることをここで述べておきたい。

機械が人間の肉体労働をリプレイスする

産業構造にはパラダイムシフトの波がすでに到来している。その一例として、日本の製造業を挙げる。図5-5のグラフをご覧いただきたい。これは日本の製造業の就業者数、および国内生産額の推移である。就業者数は戦後一貫して増加し、１９９０年代前半には約１５５０万人のピークに達している。しかし、その後は一貫して下落傾向にあり、２０２２年時点では約１０００万人程度となっている。およそ30年で実に7割程度にまで激減したのである。これは「少子高齢化、人口減が続いているので当然」であるかのように錯覚しがちであるが、実はそれだけではない。全就業者数は１９９０年代から２０２０

年にかけて、6000万人から7000万人の間をゆるやかに上下しながら、長期的には横ばい傾向が続いている。したがって、製造業だけが全体の傾向と比べても際立って明らかな減少傾向を見せているのである。本来なら、製造業において労働力が激減したのであればそれに応じて国内での生産額も縮減しそうなものであるが、実際には増減しつつも横ばい、または微増と言えるのが実態だ。製造拠点の海外移転の影響も加味する必要はあるものの、はっきりと「就業者が減っても生産額が落ちない」様子を示している。ここから、もはや製造業が単なる労働集約型産業ではなく、生産性を重視した産業構造になっていることが読み取れる。

図5-5　製造業における就業者数／国内生産額の推移

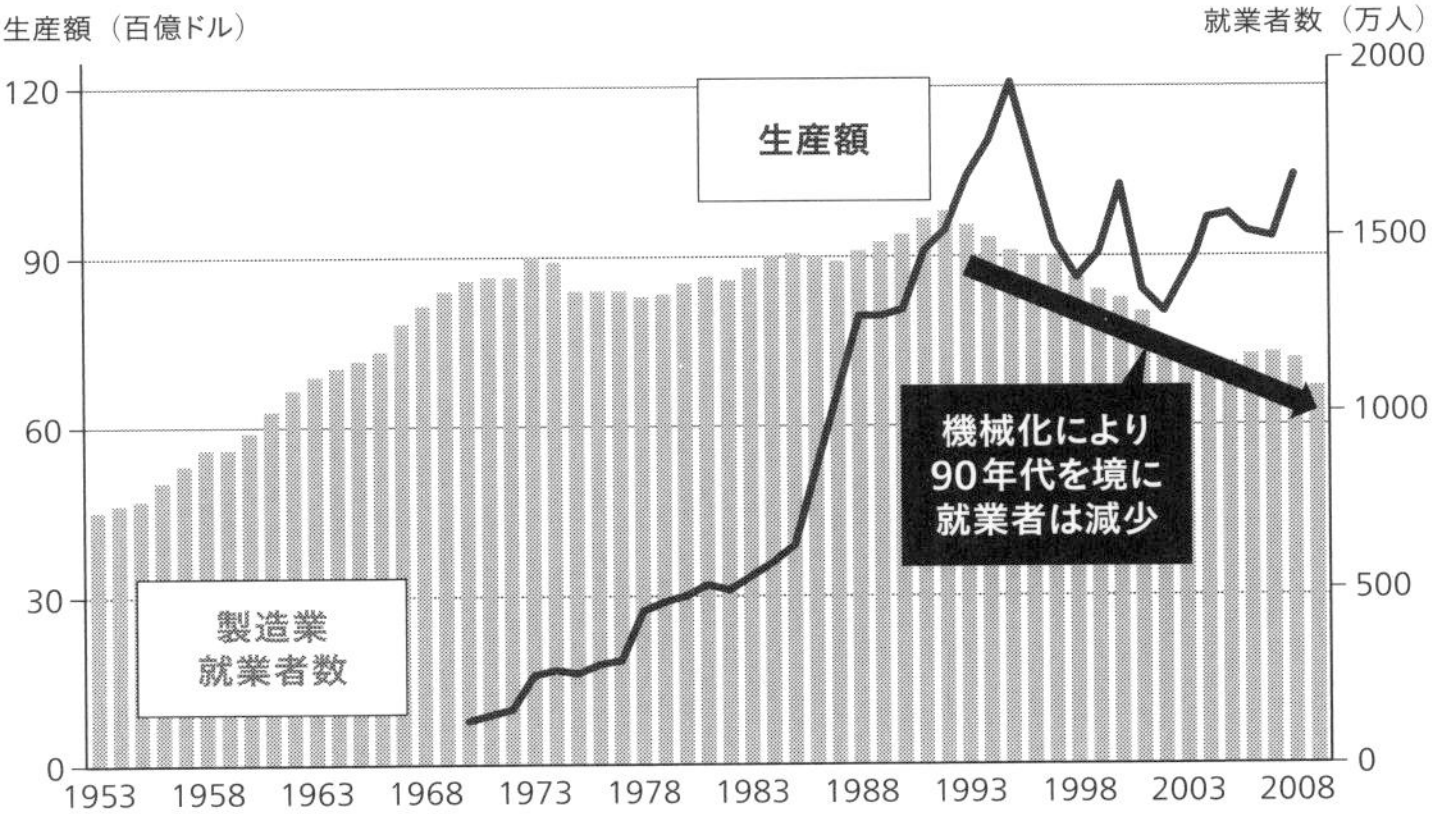

出所：「我が国の工業 〜変化を続ける製造業〜」（経済産業省）および「労働力調査」（総務省統計局）をもとに筆者作成

生産性にもっとも寄与したのはファクトリー・オートメーション（FA）、いわゆる工場の自動化である。当初は機械化から始まったが、今や人間の手を介することのない「自動化」により省力化、省人化が起こり、結果として就業者数が減っても生産額が落ちることのない産業となっているのである。

AIが人間の知的労働をリプレイスする（マイケル・オズボーン）

ＡＩも産業構造のパラダイムシフトの一端を担っている。それを端的に表したのが、２０１３年９月に英オックスフォード大学准教授のマイケル・Ａ・オズボーン博士が、カール・ベネディクト・フライ研究員と共著で発表した論文「雇用の未来（原題：The Future of Employment）」である。これによると米国の労働人口の47％が機械に取って代わられるという。併せて「10年後になくなる仕事」というセンセーショナルなリストも掲載されている。論文が発表されてからほぼ10年が経過するが、「47％」や「10年後になくなる」といった予測が言葉どおりには的中してはいないが、本質的なジョブシフトは確実に進行しており、人間の雇用、産業がデジタル技術で取って代わられることを示したことが重要である。

つまり、過去を見ればFAの浸透が生産性や品質などの製造業の在り方を大変革したのであり、未来を見ればAIがすべての企業、個人の中に浸透することで、社会全体の仕組み、価値観、そして文化などを劇的に変えていくということだ。端的に言い換えれば、「自動化によりブルーカラーの肉体労働は機械に置き換えられ、AIはホワイトカラーの知的労働を代替する」ということだ。これも一つのパラダイムシフトである。

第3節　脳科学とデジタル

人体最後のフロンティア

デジタル技術のトレンドは、「SMACS」が「CAMBRIC」となった。では、これに連なる次なる技術トレンドは何であろうか？　ここでは私なりに一つ挙げておきたい。

それは、「脳科学とデジタルの融合」である。人類は人体のことをかなりのレベルまで解明している。第4章に登場したレイ・カーツワイル氏が予言したとおり、ヒトの遺伝子構造はヒトゲノム計画により20年もかからず解明された。

人間を構成するもっともミクロな単位である遺伝子を解析しきっているのだから、脳も解析が済んでいると思われがちだが、決してそうではない。実は人間の脳のことは、極論すればほとんど何も分かっていない、ともいえる。

人間の脳は、ごく大雑把に分けると、脳幹、小脳、大脳に分かれる。脳幹は自律神経機能中枢が存在し、例えば呼吸などといった生命の維持のためのコントロールを司っている。その脳幹の後ろから張り出した小さな器官が小脳だ。歩いたり走ったりといった運動をコントロールしており、ここが損傷すると動作に不調をきたすことがある（実際には運動よりもさらに高度な機能も有しているという説もある）。そして脳全体を包み込むように大きく発達しているのが大脳で、「脳のシワが多いと賢い」などと俗説される箇所である。知覚、知覚情報の分析、記憶などを司っており、高度な機能を有している。

そして、それらを構成する神経細胞（ニューロン）の数がいくつかというと、実は研究者の間でも数に開きがある。どうやって計数しているかというと、簡単にいえば、脳の一部分の神経細胞を数え、それを大脳全体、脳全体における神経細胞の数に逆算しているに過ぎないのである。当然、脳の各部位によって脳細胞の密度は異なるし、研究者によって測定誤差が出てきてしまう。おそらく脳全体では神経細胞の数は1000億個から2000億個の間ぐらいだろうといわれている。実は脳科学はそのような基本的なことも、まだ解明できていないのである。

そのような事情もあって、脳は「人体最後のフロンティア」などと称される。

脳科学の産業応用（ニューロAI）

脳はまだ分からないことばかりであるが、解明が進んでいることも多い。脳のそれぞれの部位の働きや脳内での情報伝達の仕組みなど、かなりのことが分かってきている。今後さらに様々な機能や仕組みが解明され、疾病の治療方法なども見出されていくものと思われる。

NTTデータでは、脳情報通信融合研究センター（CiNet）およびグループ会社のNTTデータ経営研究所（コンサルティング会社）と共同で、「NeuroAI」（ニューロAI）というソリューションを企画した。これまでの長年の脳科学の研究の蓄積による脳モデルと、AIとを組み合わせることで、脳科学をマーケティングに活用しようというものだ。これにより例えば、人がテレビコマーシャルを見たときに脳が実際どのように反応して、人はどのような印象を持つかを明らかにすることができるようになった。

図5-6の左側は、NTTデータの動画であるが、それを視聴したときの印象を右側の「脳活動解読・知覚推定結果」の欄に示している。名詞、形容詞、形容動詞で示される言葉の意味するところを脳が感じているという推定である。このように、例えば広告主が意図したイメージを、テレビコマーシャルの映像を通して人の脳に伝えられているかが分かり、広告の効果を予測することができる。

さらに2020年には音楽を脳情報化し、ヒットソングの特徴を可視化することに成

図5-6　「ニューロAI」によるコマーシャルの印象分析

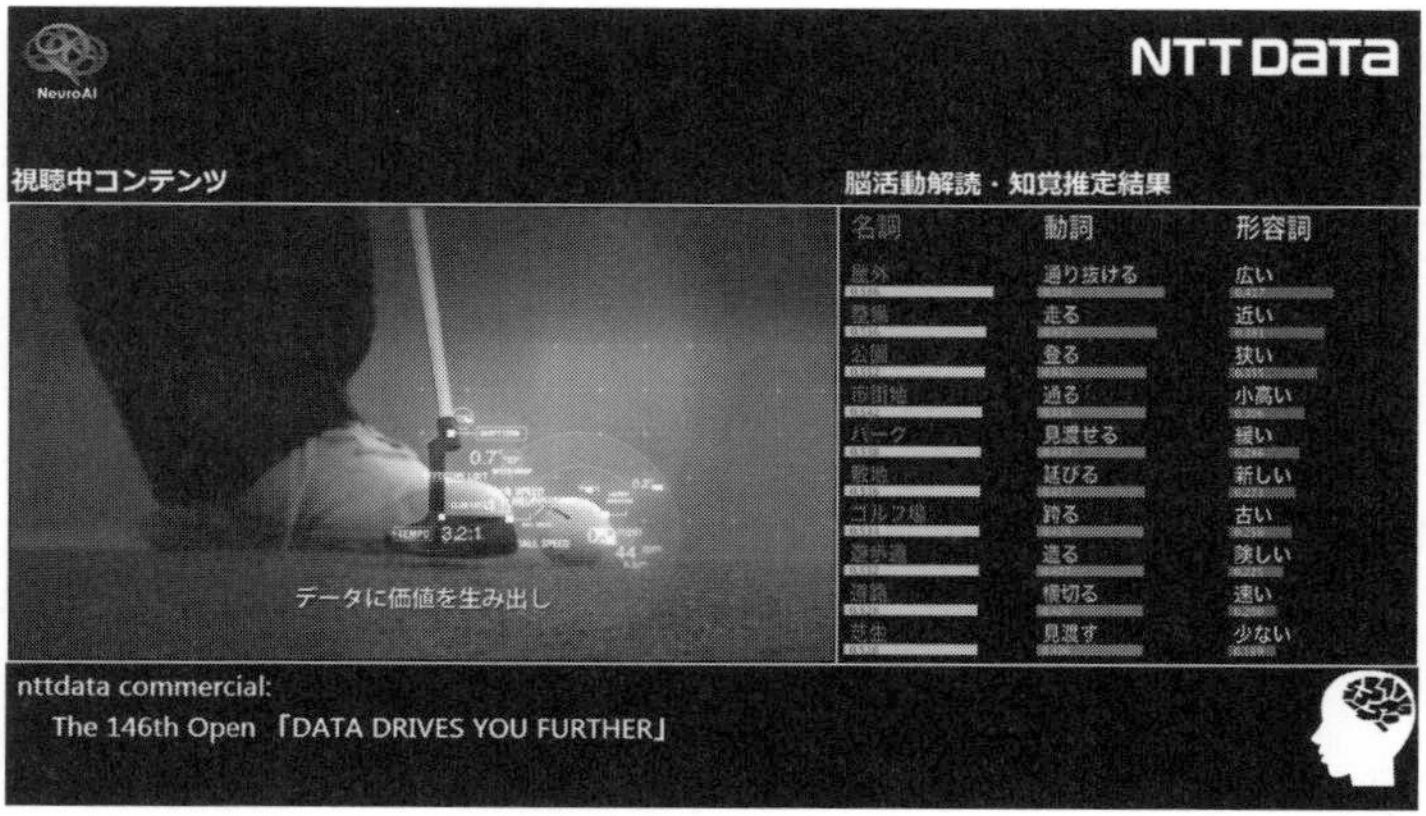

出所：NTTデータ

功した。そして、どんな楽曲がトレンドとなるのか4か月程度先まで予測することができるようになったのである。

実は日本の脳科学の研究は世界でも有数のプレゼンスを有しており、学界はもとより産業界でも研究が盛んである。しかしながら、海外でも脳科学の産業応用は次々と進んでいる。例えば、第1章でも取り上げたスターリンクで有名であり、電気自動車のテスラ社のCEOでもあるイーロン・マスク氏が立ち上げたニューラリンク社がある。この会社はまさに脳科学の産業応用を研究している会社で、マスク氏に言わせれば最終的には「運転手が脳で考えただけでテスラの自動車が運転できる」とか「キーボードなしにパソコンを操作できる」ことを目指しているようで、BMI（ブレイン・マシン・インターフェース）を応用した様々なデバイスを実現しようとしている。この分野の進歩はまさに日進月歩である。

このように海外勢は盛んに脳科学の産業応用を進めているが、日本もこれに伍していくには産学が密に連携し、脳科学と関連諸領域を融合した「応用脳科学」を盛んにしてイノベーションを巻き起こしていくことが必要であろう。私は2020年にそれまで任意団体として活動してきた応用脳科学コンソーシアム（CAN：Consortium for Applied Neuroscience）を、応用脳科学に取り組んでいる民間8社やこれまでも協力関係にあった脳情報通信融合研究センター（CiNet: Center for Information and Neural Networks）と連携して一般社団法人化し、理事長として応用脳科学を推進する活動に取り組んでいる。

脳科学は最先端の分野であるがゆえに、産業での活用には課題が山積していることも事実だ。例えば、脳科学が関連する学際分野は非常に多岐に渡り、1個人、1企業だけでは全領域をカバーすることは困難である。また、脳科学に対する研究開発に関わる人材育成については課題も指摘されている。さらに、最先端技術にはつきものであるが、倫理的・法的・社会的課題、いわゆるＥＬＳＩ（Ethical, Legal and Social Implications〔Issues〕）の配慮についても社会的なコンセンサスは十分には形成されていない。人間の脳を機械に接続すると聞いただけで、本能的に嫌悪感を抱く向きもおられるだろう。まさに第3章で紹介した「第6期科学技術・イノベーション計画」が示すとおり、最先端テクノロジーは自然科学だけでなく、人文科学・社会科学も含めた「総合知」が求められるのである。

第4節 インターネットの「第三の波」

スティーブ・ケースの「第三の波」

第2章で、アルビン・トフラー氏の『第三の波』（The Third Wave）を紹介した。これは人間社会の変遷をマクロ的に捉えたものであった。『第三の波』（The Third Wave）といえば、同じタイトルの本を著した人物がいる。それはアメリカ・オンライン（現ＡＯＬ）の共同創業者であるスティーブ・ケース氏だ。彼はインターネットの世界における「波」を３つ提唱した。それによると、第一の波は、１９８５年から１９９９年頃にかけてのインターネット黎明期の波である。１９９５年にマイクロソフト社のウィンドウズ95が発売されインターネットに接続できたことから日本の読者でも、この頃に家庭でインターネットを使い始めた方が多いのではないだろうか。

第二の波はアプリとモバイルの時代で、日本でも１９９９年2月にＮＴＴドコモが「ｉモード」を商用サービスしたことで、にわかにインターネットが身近になった。またスマートフォンが発売され、ブラウザ（閲覧ソフト）でインターネットサービスを閲覧、利用できるようになって、革命的に利便性が向上した。今でも広く活用されているビッグテックプラットフォームも、この頃に地位を確立したといえるだろう。

そしてケース氏は、２０１６年以降に訪れる「第三の波」は、「モノのインターネット」、すなわちＩｏＴ（Internet of Things）であるとした。地球上に存在するありとあらゆるデータが自動的に収集され、必要な場所に伝達され、望ましい形で処理・制御され社会全体が調和のとれた形で発展できる。確かにこれは革命的ともいえる技術ではある。しかし、未だにその大きなうねりは到来していない。データを生み出すセンサーデバイス、高速に伝送するネットワーク、高度な処理を可能とするＡＩなどのスーパー処理能力は、まだまだ未成熟である。

アップルウォッチのように人体に装着して様々な生体データを取得できるようにはなった。アマゾン・エコー（アマゾンのスマートスピーカー）などのスマートデバイスによって情報の入手や家電操作なども格段とレベルが上がった。工場などでも様々な機械から製造工程における多様なデータがリアルタイムで収集できるようになってきた。交通渋滞の状況や観光地のどこに、どれだけの人出があるかも分かるようになってきた。

しかし、これらの大量なデータを使って社会全体を動かすほどの大きなビジネス的なうねりには、まだなっていない。データの発生、伝達、処理の各工程での技術レベルが未だに想定ほど高まっていないからだが、近い将来、「CAMBRIC」の技術項目が相互に作用して発展すれば、第7章で述べる自律的に動く社会が、そう遠くない将来、実現しよう。

新たなウェブの潮流「ウェブ3」

ケース氏が予想したIoTによる第三の波は、はしりの状態であり本格的に到来していないが、新しい概念「ウェブ3.0」（Web 3.0）が話題になっている。「ウェブ3.0」（Web 3.0）は、つい「ウェブ・さんてんゼロ」と読みたくなるが、それは誤りではないものの「ウェブ・スリー」という読み方が主流だ。また、第6章で登場す

図5-7 スティーブ・ケース氏の「第三の波」

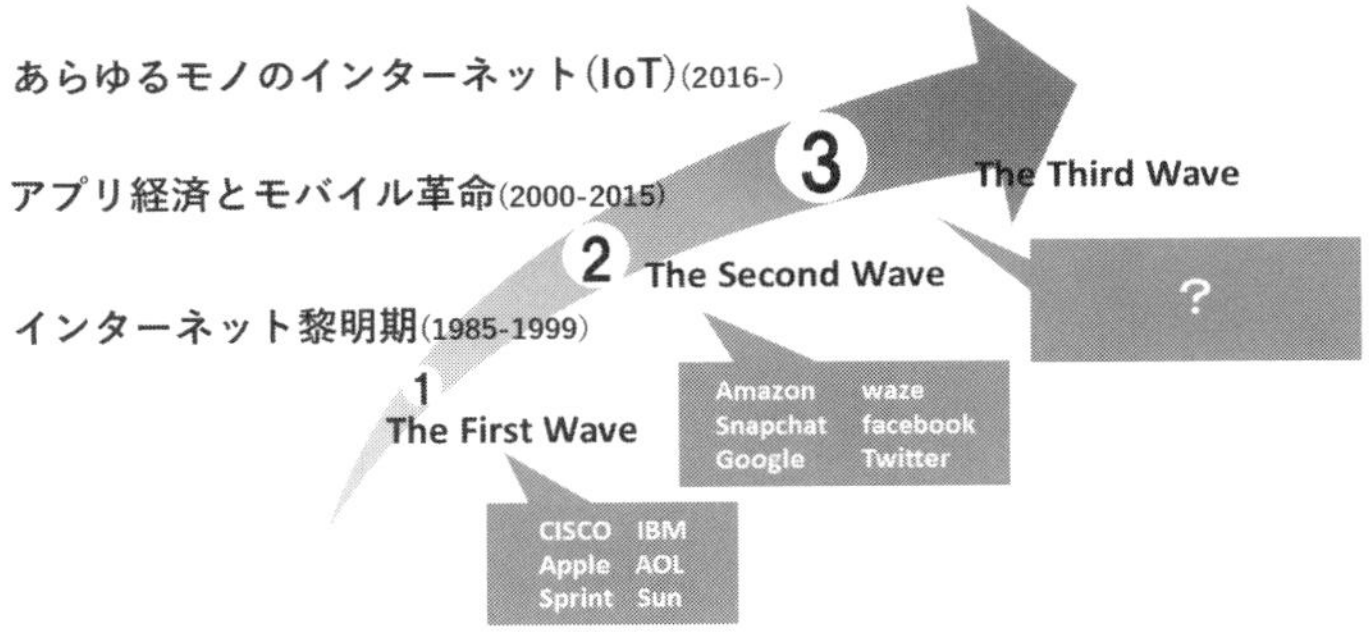

出所：スティーブ・ケース『サードウェーブ』をもとに筆者作成

るティム・バーナーズ・リー卿が別の意味で「ウェブ3.0」という言葉を使ったことがあったため、これと区別する向きは小数点以下を省いて「ウェブ3」などと表記する場合もある。

3.0というからには1.0や2.0がある。概要を以下に掲げよう。

ウェブ1.0の時期は1990年代半ばから2000年代半ば頃であり、インターネットの普及時期にあたる。送り手から受け手への一方的な情報の流れのウェブであり、ウェブブラウザによってホームページから情報を読み込む（Read）だけの状態である。

ウェブ2.0は2000年代の後半に活発になり、情報の読み込みだけでなく、誰

図5-8　Web1.0からWeb2.0、Web3.0への変遷

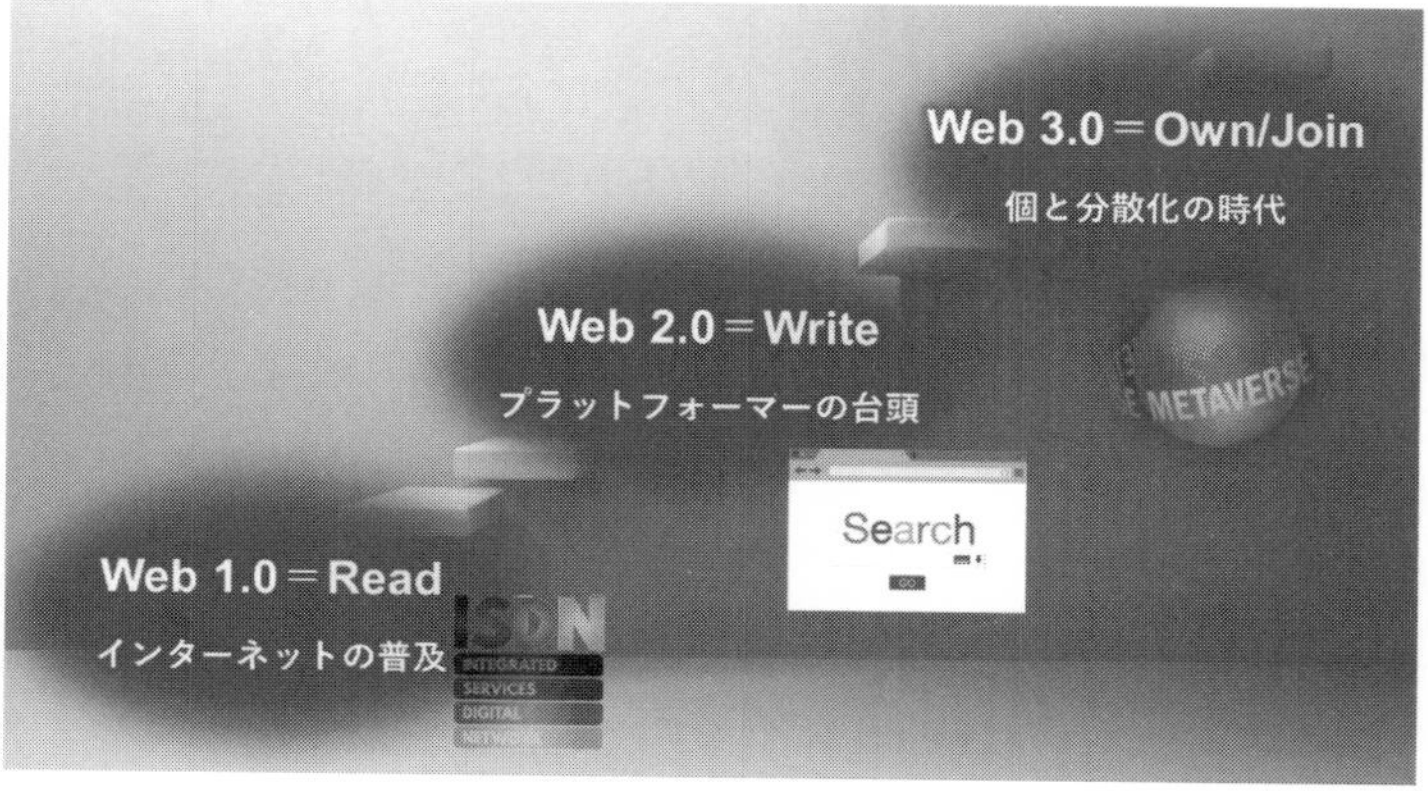

出所：筆者作成

でも情報の発信（Write）ができるようになった。ソーシャルメディアに代表されるビッグテックなどのプラットフォームが発達し、この上で様々なアプリケーションが花開き、eコマースなど生活に密着したサービスを享受している。現在もこのトレンドは続いているが、図5-9のように様々な課題も認識されてきている。

ウェブ3.0は明確な定義がなされていない。ベンチャーキャピタルのアンドリーセン・ホロウィッツ社による定義「開発者とユーザーが所有するインターネットのことで、トークンを使って編成されるもの」がしばしば引用される。しかし、これだけでは理解することは困難だろう。現時点では「ブロックチェーン技術により実現される、非中央集権のウェブで、メタバースなどといった空間においてサービス提供されるもの」という程度の理解でよい

図5-9　Web2.0の課題

❶ データ・マネジメントがプラットフォーマーに依存
❷ 虚偽のデータやフェイクニュースへの懸念
❸ データの集約・統合によるプライバシーリスク
❹ 勝者総取り等によるエコシステムのサステナビリティへの懸念
❺ プライバシーと公益のバランス
❻ 社会活動を行う上での社会規範によるガバナンスの機能不全

出所：内閣官房 Trusted Web推進協議会 2022年8月『Trusted Web ホワイトペーパーver2.0』を参考に筆者作成

だろう。メタバースとは、デジタル空間の中に構築された世界であり、3次元の空間をアバター（自分の分身）で参加するものだ。「超（メタ）」と「宇宙（ユニバース）」を組み合わせた造語で、元々はSF小説で登場した言葉である。そのメタバースで複数人の間で交換される価値の媒体は、従来の貨幣でもなければ電子マネーでもなく、暗号資産やNFT（Non-Fungible Token：非代替性トークン）とされる。

また、イーロン・マスク氏や、ツイッター社の共同創業者のジャック・ドーシー氏などビッグテックの著名人がウェブ3.0に対して否定的なコメントを寄せており、今後の隆盛が不透明であることも、理解を阻んでいる。

このように、ウェブ3の可能性は様々に論じられており、実際、DAO（Decentralized Autonomous Organization：分散型自律組織）と呼ばれる新しい組織形態で事業を開始しているスタートアップも多い。従来は困難であった様々なプロジェクトが容易に実現できる可能性が高い。この非中央集権的なウェブが本当に主流化していけば、これまでとはまったく異なった世界が現れることは確かだ。

しかし、先ほど述べたELSIの観点、従来の法律を見直したり新しい法律の制定、社会的な承認や認知、何より倫理的なコンセンサスの検証も大切である。

話を戻すが、私はケース氏の提唱するIoTが主導する「第三の波」は、AIの発展と相まって確実に発展していくと思うが、本当に花開くには、もうしばらく時間がかかると思う。当面はウェブ3の可能性を追求してみたい。

「第二の波」ではGAFAMといったビッグテックが支配するデジタル・プラットフォーム上に個人が飲み込まれた。第1章で紹介したユーラシアグループのイアン・ブレマー氏は、ビッグテックが支配するデジタル空間を「テクノポーラーの世界」と呼んだ。これは同社が2022年1月に挙げたトップリスク10でも取り上げられるほど、彼はテクノポーラーをリスク視している。

ただ、大切なことは、予測が的中するかどうかや、デジタル技術の個々の技術的発展度合いではない。デジタルが社会や経済に与える影響や、その意味することを理解し、今後の動きを自分なりに予測し備えていくことが重要だ。

第6章

ＩＴの３大要素技術の進化

第1節 ITの3大要素技術とは

CPU、ストレージ、ネットワーク

第5章でデジタル技術の「SMACS」や、「CAMBRIC」について紹介したが、これらの技術を支える基礎技術が次の3つの要素技術であり、私は20年以上前から「ITの3大要素技術」と呼んで進化状況を注視してきた。

・CPU（Central Processing Unit：中央演算処理装置）
・ストレージ（記憶装置）
・ネットワーク（通信回線・通信機器）

これらが図6-1のとおり指数関数的に進化してきたことによって現在のデジタル社会が構築されてきたのだ。

図6-1　「ITの3大要素技術」の進化

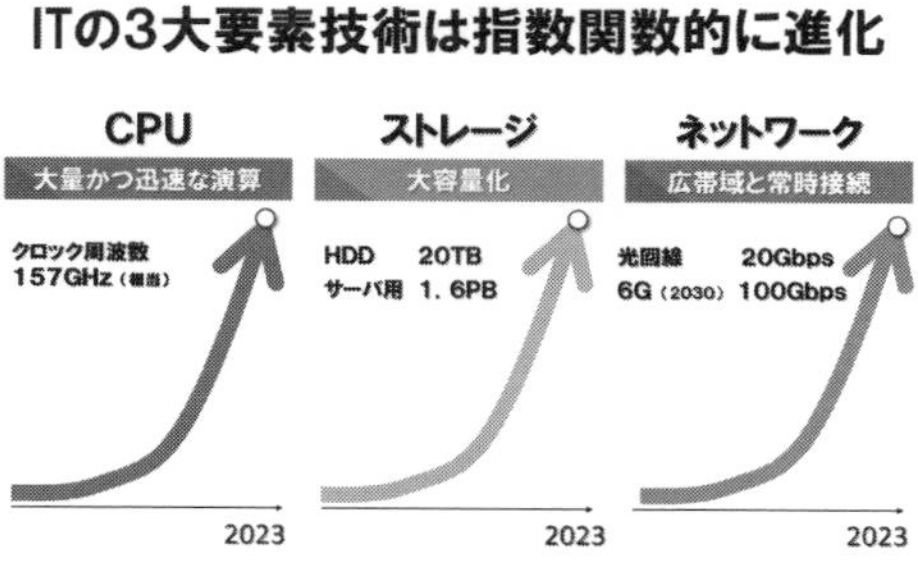

出所：筆者作成

第2節　CPU

CPUの指数関数的成長

CPUはCentral Processing Unit、すなわち中央演算処理装置の略である。CPUは、コンピュータの内外にある他の装置に指示命令をする制御機能と、文字どおり計算(処理)を行う演算機能という2つの機能を司っており、「CPUはコンピュータの頭脳」といわれる。CPUには計算結果の一時的記憶を別にすれば、記憶する機能がないため人間の頭脳とは異なるが、コンピュータを構成する様々な部品のうちもっとも中心的なものである。CPUの性能がコンピュータ全体の性能を大きく左右するので、CPUには多くの投資と人類の情熱が注ぎ込まれ、まさに指数関数的な進化を遂げてきた。

インテル4004

世界最初のコンピュータは、米陸軍の弾道計算のために開発されたＥＮＩＡＣ（エニアック）といわれており、真空管を1万8000本使用し、長さ30メートル、重さは27トンほどもあったという。今のコンピュータと違って内部構造に十進法が使われており、1秒間に5000回の加算処理ができたようだ。当時としては最高速の電子計算機だった。

世界最初のマイクロプロセッサーは、1969年に米インテル社が日本のビジコンという会社の求めに応じて開発した、「インテル4004」というマイクロプロセッサーである。ビジコンの社員であった嶋正利氏が設計に参画していたことから、インテルとビジコンの共同開発であったともいえる。ビジコンは当初は「日本計算機販売株式会社」という社名で、その名から想像されるとおり、電卓の設計、製造販売を手掛けた会社だ。この時期は「電卓戦争」と呼ばれるほど、電卓の価格競争や技術競争が熾烈であり、競争から頭一つ抜き出るための切り札として「インテル4004」を構想した。この「インテル4004」は当初はビジコンに対してのみ卸す予定であったが、この製品の将来性を見越したインテルは他社への展開を強く希望し、両者の契約的な整理の上で、汎用販売されることとなった。

さて、この「インテル4004」は歴史的な製品であるが、性能はどうであったろうか。CPUの性能を示す指標はいくつかあるが、もっとも一般的なのは「クロック周波数」である。クロック周波数とはマイクロプロセッサー内の複数の電子回路が信号を送受信するタイミングを揃えるための周期的な電気信号（クロック信号）である。心臓の鼓動のようなもので、このクロックに従って電子回路は一つずつ処理を進めていくので、単位時間当たりの数が多ければ多いほど処理が速いということになる。単位はヘルツ（Hz）で表す。「インテル4004」のクロック周波数は、108キロヘルツに過ぎなかった。

CPUは50年で150万倍

これに対し、2023年現在で市販されている最速のCPUの一つが、アドバンスト・マイクロ・デバイセズ（AMD）社の「ライゼン5000」というシリーズである。最大クロック周波数は4．9ギガヘルツにものぼる。ギガはキロの百万倍であり、まさに桁違いである。近年のCPUは単にクロック周波数が向上しただけではなく、マルチコア、マルチスレッドという、複数の処理を並行して実行する技術を活用することで、仮想的にさらに高速で演算することができるようになっている。マルチコア、マルチスレッドを加味して厳密に性能を比較することは難しいが、仮に単純にコア数、スレッド数を乗じて試算すると、仮想的に157ギガヘルツ相当の性能を引き出せる。これは1億5700万キロヘルツ相当になるので、1969年の「インテル4004」の108キロヘルツが、約50年後の現在までに約150万倍の成長を遂げたというわけである。他の工業製品で150万倍の性能の向上など、おおよそ事例を挙げることは難しかろう。

今後のCPUの成長はどうなるであろうか。CPUの世界には「ムーアの法則」と呼ばれるものがある。インテル社のゴードン・ムーア博士が1965年に論文の中で唱えたもので、「半導体チップに集積されるトランジスタなど部品点数の数は毎年約2倍の割合で増大する」というものだ。その後数値は修正されているが、CPUの性能はチップの中に組み込まれるトランジスタの個数に比例すると言われるので、「ムーアの法則」は「CPUの性能は18か月から24か月で倍増する」というものだ。ムーア博士は1975年までを念頭に唱えたが、実際には1975年以降もムーアの法則どおりにCPUは指数関数的に性能を爆発的に成長させている。

CPUの成長ドライバー（微細化と集積化）

その成長の技術トレンドを2つほど紹介しよう。一つは、プロセス技術の発達である。これは半導体チップに転写（回路パターン形成プロセス）する回路の回線の幅を微細化することで、集積度を上げるというものだ。回線の幅が狭くなればその分、単位面積あたりにたくさんの回路を配線することができ、結果的に性能が向上する。1969年の「インテル4004」の場合は、10マイクロメートル（1マイクロメートルは1000分の1ミリメートル）であったそうだ。これが、2021年に発売されたアップル社のアイフォーンに搭載された「A15」というCPUだと、5ナノメートルである。ナノメートルはマイクロメートルのさらに1000分の1の単位なので、想像もつかないくらい小さい。髪の毛の直径は90マイクロメートル、つまり9万ナノメートルなので、5ナノメートルとは、「髪の毛の直径に1万8000本もの線が書けるレベル」とでもたとえようか。新型コロナウイルスの直径は約1000ナノメートルなので、これよりもはるかに小さい。こうした超微細なプロセス技術がCPUの性能のたゆまぬ向上を支えている。

もう一つは、トランジスタの内部構造を面だけでなく、縦方向にも集積することでさらに集積度を上げるものだ。いわば、内部構造を3次元化することで、単位容積あたりの集積度を向上させているのである。

しかし集積化すればよいというほど単純ではない。CPUの内部構造を集積化していくと単位面積あたりの発熱量が上がっていく。現在のCPUですら単位面積あたりの温度はホットプレート並みになっており、ジョークで「CPUの発熱で卵焼きを作る」といった実験をしている人もいる。将来、これ以上集積化していくとさらなる発熱が予測され、この発熱をどう乗り越えるのかという問題が出てくる。使用頻度など発熱が異なる素子をうまく組み合わせて搭載しチップ全体の発熱量を低減させたり、水冷や空冷などクーリング方法も研究が進んでいる。しかし、発熱を抑えられずに、使えるはずの基盤を遊ばせてしまうダークシリコン問題も起こっている。

ムーアの法則の限界

専門家の間でも「ムーアの法則」がいつまで続くのかは議論があるが、いずれ限界が到来するという意見もしばしば聞かれる。その否定的な根拠の一つが、物理学上の制約である。

CPU内部のトランジスタには、ソース、ゲート、ドレインという端子があり、ソースからドレインに向けて電子が流れる。このソースとドレインの間にあるのがゲートであり、このゲートに電圧をかけることによりソースからドレインに流れる電子を制御し、トランジスタのオン・オフを実現する。このゲートの幅が「ゲート長」でありゲート長が短ければ短いほどトランジスタを小型化できるので高速化することができる。

ところがゲート長を5ナノメートル以下にするとノーベル物理学賞を受賞した江崎玲於奈博士が発見したトンネル効果が起こり、ゲートが電子の流れを制御できなくなる。こうなると、もはやトランジスタとして働かないので、これが一つの物理的制約といえる。

しかし、欧米・中国の大学や研究所では、

図6-2　トランジスタの内部構造

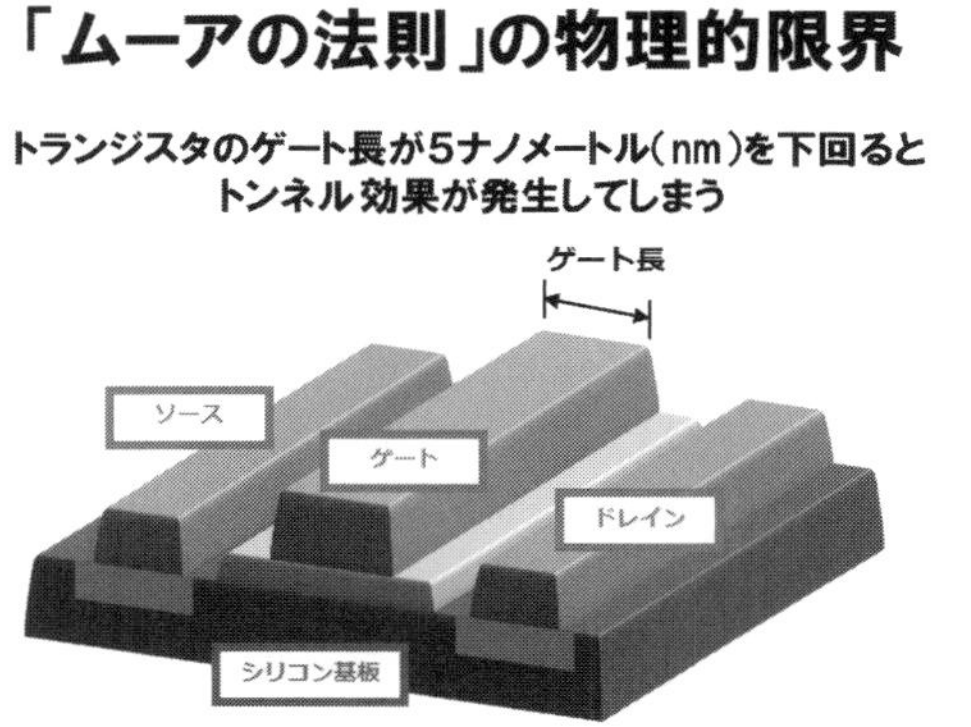

出所：筆者作成

研究段階ではあるが、続々と5ナノメートル以下のゲート長のトランジスタの開発に成功している。2018年、半導体メーカーのAMD（アドバンスト・マイクロ・デバイセズ）社を訪問してこの話になったとき、彼らは、にやっと笑って「シリコンではね」と言った。モリブデンなど他の素材を使うことによってゲート長は更に短くなり、1ナノメートル程度のものも試作できている。

こうして、人類は技術的限界を工夫とイノベーションによって突破し、今や物理学の限界すら突破して、CPUの指数関数的成長を継続しようとしている。

また、さらなる技術革新として、量子コンピュータも見逃せない。量子コンピュータは、これまでのコンピュータとはそもそもの原理が異なる。従来のCPUの技術進化の延長線上にはないのだ。量子コンピュータは1969年の「インテル4004」以来の革新的なコンピュータになる可能性を秘めている。いわゆるスーパーコンピュータも超高速のコンピュータとして重要ではある。毎年、スーパーコンピュータの性能の世界ランキングが様々な調査機関から発表され、そこに日本製のスーパーコンピュータがランクインするかどうか、あるいは第1位にランクインできるかどうかが大変注目される。ただ、スーパーコンピュータは確かに重要であるが、誤解を恐れずに言えば、従来型のCPUを多数連結して実現したものであり、基礎技術はすでに確立されたものだ。いわば、家庭用のパソコンもスーパーコンピュータも、どちらも古典的な物理学である、ニュートン力学の世界を前提に成り立っている。

これに対し、量子コンピュータはニュートン力学の世界を飛び出て、量子力学の仕組みを活用したものだ。量子力学はかのアルベルト・アインシュタイン博士の相対性理論と双璧を成し、その思想の根底から、ニュートン力学とは異なる世界感だ。詳しくは専門書に譲るとして、CPUの世界で表現するのであれば、前述した「CPUは『0』と『1』を使ってデータを表現・処理する」というのが、量子コンピュータだと「『0』と『1』の両方を同時に表現・計算する」ということになる。2^x個の組み合わせを入力し、一度の実行で処理できるため、さらに飛躍的な性能の向上が期待できる。と言われても、感覚的に理解することは困難だろう。まずは「従来型のコンピュータとは根本的にまったく異なる動作原理により計算をする」という程

図6-3　従来型のコンピュータと量子コンピュータの比較

	従来型のコンピュータ（スーパーコンピュータを含む）	量子コンピュータ
基礎となる物理学	ニュートン力学	量子力学
データの表現・処理方法	「0」または「1」のいずれかしか同時に取り合えない 【0】or【1】	「重ね合わせ状態」の現象を活用することで、「0」と「1」を同時に取ることができる 【01】

出所：筆者作成

度の理解でよく、現在のコンピュータのような電気機械装置というよりは、物理実験装置と思った方がよい。

量子コンピュータにはさらに「量子ゲート方式」と「量子アニーリング方式」の2つに大別され、現在、より現実的に活用の道が見えつつあるのは「量子アニーリング（Annealing：焼きなまし）方式」のほうである。この方式では、金属の焼きなまし処理（金属を熱してゆっくりと冷やしていくと、金属の原子がきれいな立方体に整列し一番安定した形になる）とよく似た処理を量子を使って行う、いわば自然の法則を活用して最小エネルギー状態を探索する量子計算機である。「組合せ最適化問題」という、非常に限られた問題のみを解くことに特化されている。「組合せ最適化問題」とはその名のとおり、限られた制約のもとで多くの選択肢の中から、ある指標を最も良くする変数の値、組合せを求めるものだ。代表的なものが「巡回セールスマン問題」というもので、セールスマンが複数の都市を訪問して帰社するとして、総移動距離がもっとも短くなるのはどのようなルートで都市を巡回した場合か、というものだ。一見単純な問題に聞こえるかもしれないが、訪問すべき都市数が増えてくると計算量が爆発的に増加し、現在のコンピュータで計算するのが困難になってくる。そこで量子コンピュータの「量子アニーリング方式」なら比較的短時間で最短移動距離（それぞれの都市を巡回すべき順番）を導き出せるというわけだ。これは社会実装が進みつつあり、例えば身近なところだと、鉄道の運行計画への活用が期待されている。鉄道路線のダイヤ、乗務員のシフト計画など、多くの組合せがあり、ある鉄道会社の場合、組合せの数は1000万通りもあるという。従来はベテラン従業員が数日かけて計画を立てていたが、「量子アニーリング方式」を使って実証実験したところ、たったの30分で最適な組合せを計算したという（厳密には量子コンピュータではなく、疑似的に量子コンピュータを再現したものであったが、「組合せ最適化問題」においては量子コンピュータの威力を発揮するには十分だ）。最適化の結果、鉄道運行に必要な乗務員数も約15％削減できる可能性もあるという。

一方で、「量子ゲート方式」は、「組合せ最適化問題」に捉われない様々な用途での活用が期待されている。例えば、化学の分野では、新素材開発・創薬において必要となる計算の効率化によりミクロな物性の解

図6-4　量子ゲート方式と量子アニーリング方式の比較

	量子ゲート方式	量子アニーリング方式
用途	すべての計算	組み合わせ最適化問題のみ
実現性	研究開発の段階であるが、実機利用の現実性が見え始めている。	実ビジネスへの活用検討が活発化
動作原理	状態ベクトルユニタリ変換	エネルギー最小化
期待される用途	計算量の優位性が示されたアルゴリズムが複数存在	組み合わせ最適化に対する高速化の可能性
開発企業例	IBM、グーグル、インテル、マイクロソフトなど	Dウェイブ・システムズなど

出所：筆者作成

明に大きく寄与する可能性がある。金融では、稀少な事象を高速計算することで市場リスクやデリバティブ商品の価格への活用することなどの道が見えつつある。

量子コンピュータは、限界が見えつつある現在のCPUの在り方に大きな転換点をもたらす可能性があることを理解しておく必要がある。

第3節 ストレージ

ストレージとは

ストレージ、すなわちデータを長期保存するための記憶装置についても、指数関数的成長性が見逃せない。世界のデータ量は目覚ましい進歩を遂げている。せっかくCPUやコンピュータ性能が向上しても、データを格納するためのストレージが小さければ、デジタル技術の発展は心もとない。ストレージといっても図6-6の記憶装置の階層のとおり、厳密には様々な種類がありCPUの内部にあるレジスタ（計算結果の一時記憶装置）や主記憶装置（メインメモリ）は、高速でデータの読み書きをすることが可能であるが、一般に記憶容量あたりの単価が高額で、かつ電源を切ると情報は消えてしまう（揮発性）。

　一方で、本項で話題にしたいのは、主記憶装置に対する補助記憶装置である。これは比較的安価であり、電源を切ってもデータを保存し続けることが可

図6-5　主記憶装置と補助記憶装置の比較

	主記憶装置	補助記憶装置
取り付けられている位置	CPUの内部	CPUの外部
単価	比較的高価	比較的安価
データの読み書き	比較的高速	比較的低速
電源を切ったのちに データが残るかどうか	データは残らない （揮発性）	データは残る （不揮発性）
主な製品	メモリ半導体	HDD、SSD、磁気テープなど

出所：筆者作成

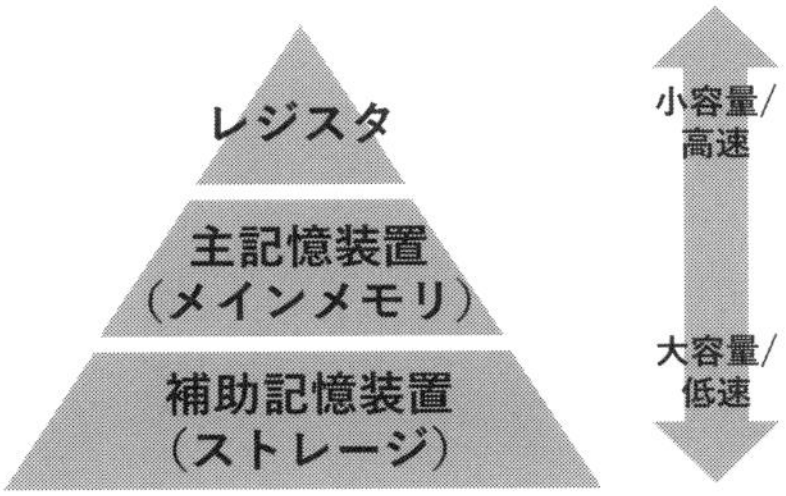

図6-6
記憶装置の階層
出所：筆者作成

能（不揮発性）なので、多くのデータを取り扱うことができる。ただし、主記憶装置と比較するとデータの読み書きは低速ではある。

ここでストレージといっているのは補助記憶装置のことであり、大容量のデータを読み書き、保管することが可能なため、デジタルテクノロジーを基礎から支えているといってよい。

ストレージの指数関数的成長（ローマ人の物語）

このストレージの保存能力が指数関数的に成長しているからこそ、デジタル技術も日々進歩を見せているのである。このストレージの成長を、ここでもたとえ話でご理解いただこう。NTTデータではローマのバチカン図書館にある数百年前、千年以上前の貴重な資料をデジタルアーカイブ化することで未来に残すべき人類の貴重な遺産に貢献する事業を進めている。そんなバチカン市国に関するある縁から、著名な作家である塩野七生氏と知遇を得たことがあり、ローマで一献交わす機会にも恵まれた。氏は言うまでもなくイタリアをテーマとした一連の歴史小説が有名で、文化功労者でもある。ヴェネチアを舞台とした『海の都の物語』、「君主論」の著者を主人公とした『わが友マキアヴェッリ』などが有名だ。どれも素晴らしい作品であるが、私は中でも超長編の大作『ローマ人の物語』が気に入っている。

その『ローマ人の物語』は1992年から2006年にかけて刊行されており、色々な版があるが、手元のものは全15巻にものぼる。15巻1セットを並べて測ってみたところ厚さは48センチもある。1文字2バイトとして、1ページあたりの文字数を乗じて、全15巻のページ数を乗じてみると、1セットで9メガバイト強となる。

この全15巻1セット、9メガバイト強のデータが、補助記憶装置に何セット分を格納できるか、を計算してみる。

1990年頃の代表的なストレージは40メガバイト程度のものであったので、4セット程度を格納するのがせいぜいだった。それが2002年には約1000倍、40ギガバイトにもなるので、4000セット以上を格納できるようになる。そして2023年現在ではその500倍である20テラバイトの外付けストレージが量販店でもECサイトでも販売されている。『ローマ人の物語』全18巻が2万セットも格納できる計算だ。2万セットの本を一列に並べると、1000キロメートル以上もの厚さになる。1000キロメートルというのがすでに感覚的に分かりづらいので、仮に東海道新幹線の東京駅に1セット目の第1巻を置いて、新幹線の路線の上を西の方にずらっと並べてみると、名古屋を越え、京都・新大阪・新神戸を越え、広島さえも超えて、なんと新山口駅あたりまで届いてしまう。

ここまでご紹介した補助記憶装置はいわゆるＨＤＤ（ハードディスクドライブ）であり、実態は磁気ディスクだ。円盤の上に磁気ヘッドを滑らせて読み書きするわけであるから、基本的な構造はＣＤやアナログレコードと同じである。磁気ヘッドがディスク上を物理的に動いて読み書きするのだから低速であるし故障の可能性もある。何より、その物理特性上どうしてもデータ容量に限界がある。これに対して、ＳＳＤ（ソリッドステートドライブ）は、ディスク状ではなくメモリチップ状のストレージだ。磁気ディスクとは根本的に構造が異なり、磁気ヘッドなどの物理的な機構を用いずに半導体メモリに直接書き込むため、大変高速で音も出ない。ただし、一般的にはＨＤＤよりも単価が高額であり、ＨＤＤよりも容量が少ないものが販売されているケースが多い。ＨＤＤは20テラバイトのものも珍しくないが、ＳＳＤだとその十分の一以下の数百ギガバイト、多くとも数千ギガバイトのものが主流である。「大容量」を謳うＳＳＤでも数テラバイトがせいぜいだ。

個人向けのパソコンではなく、業務用のサーバーとなると、さらに大容量になる。1.6ＰＢ（ペタバイト）の容量のものが販売されており、これには『ローマ人の物語』が1億セット以上格納でき、その長さたるや8万キロメートルである。地球1周が約4万キロメートルであるから、実に地球2周分、『ローマ人の物語』が並ぶことになる。

ゼタバイトの世界

世界のデジタルデータの量は指数関数的に伸びている。調査会社ＩＤＣの推計・予測によると、２０１３年には全世界で4．4ゼタバイトであったものが、たった7年後の2022年時点で64．２ゼタバイトであり、２０２５年には１７５ゼタバイトにもなるという。ゼタバイトとは、キロ、メガ、ギガ、テラ、ペタ、エクサと順々に1，０００倍になっていく、単位の接頭辞である。そのエクサのさらに上にあるのがゼタ、ヨタである。以前はゼタなどという単位を使うことなど想像もつかなかったが、それが現実性を帯びてきたわけである。

現在のデータ量でもかなりストレージ容量を使っているわけであるが、今後さらに爆発的に増えていくだろう。そしてそのデータを収めるゆりかごの中で、デジタル技術はさらなる発展を遂げていくだろう。２０３０年代の

図6-7　「ローマ人の物語」を東海道新幹線の線路上に並べると…

	代表的な補助記憶装置の容量	『ローマ人の物語』全15巻のデータの収納量
1990年	HDD　40MB	4セット
2002年	HDD　40GB	4,447セット
2023年	HDD　20TB （コンシューマー用）	2,277,038セット （並べると厚さ1,027km、東海道新幹線の東京駅から新山口駅付近まで）
2023年	SSD　1.6PB （サーバー用・業務用）	173,724,212セット （並べると厚さ83,388km、地球2周分）

出所：筆者作成

世界のデータ量はヨタのオーダーに乗るという予測もある。２０２２年11月には、ヨタの上に「クエタ」、「ロナ」が加わった。新しい接頭語が追加されるのは、実に31年ぶりのことである。今は「クエタ」、「ロナ」、すなわち1,000,000,000,000,000,000,000テラや1,000,000,000,000,000,000,000,000,000,000テラである。もはや想像を絶する大きさの単位であるが、現状の指数関数的成長が続くのであれば、やがて「クエタ」、「ロナ」といった単位を当たり前のように使う日が来ることだろう。

図6-8　全世界で生成、取得、複製、消費されるデータ量

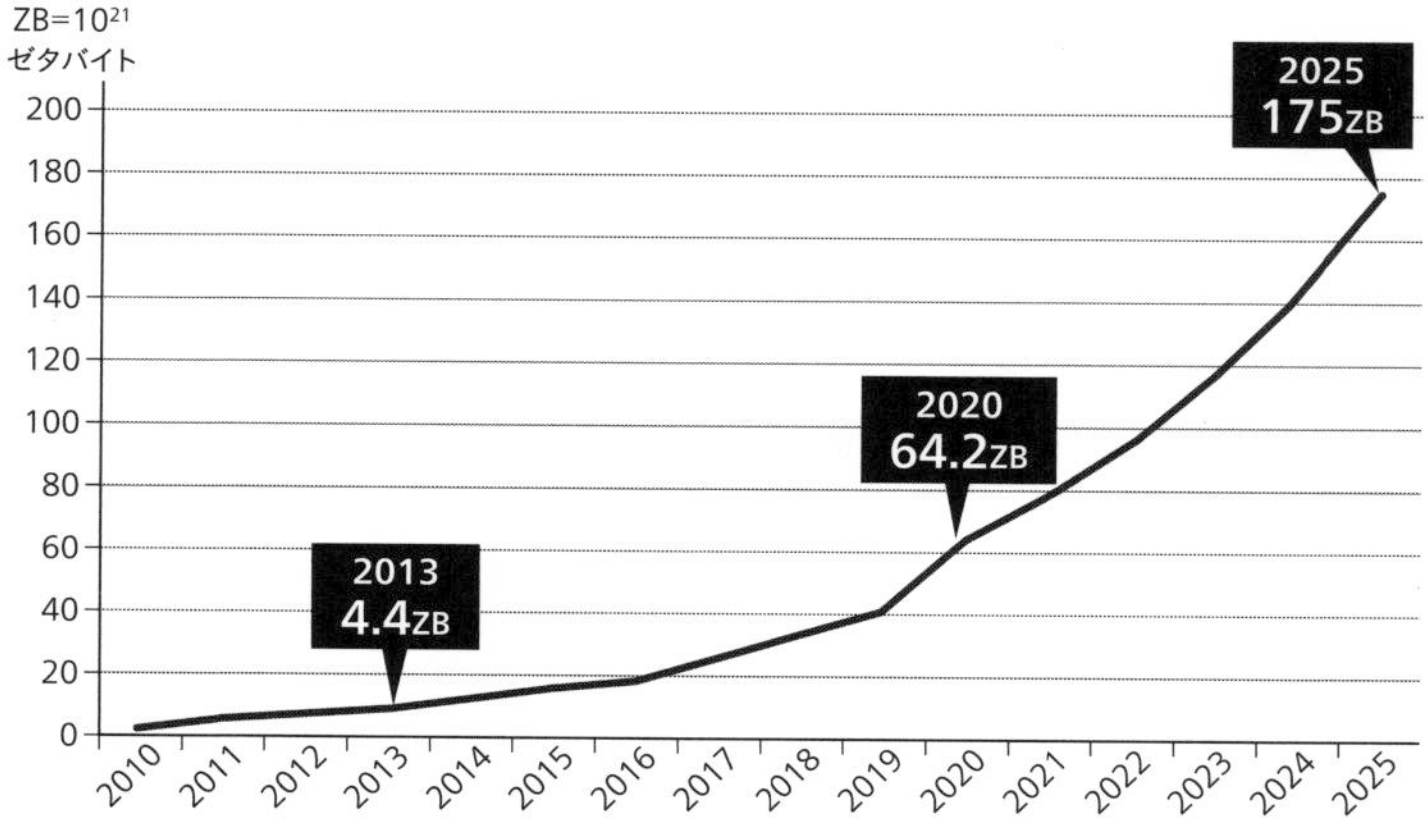

出所：IDC “Data Age 2025” (2018)および"Global DataSphere and StorageSphere Forecasts" (2021)をもとに筆者作成

第4節　ネットワーク

ネットワークの指数関数的成長（風と共に去りぬ）

ネットワークの指数関数的成長も著しい。ネットワークの性能評価の指標は、

・スループット（伝送量：単位時間あたりに送受信できるデータ量であり、1秒間あたり伝送できるビット数　bit/s　短縮形bpsで表す）
・レイテンシ（遅延　：データの伝送を要求してから実際にデータが送られてくるまでの時間。）
・パケットロス（損失パケット：伝送中に消失して相手方に届かなかったデータの割合。パケットロスが発生すると機器が自動的に再度伝送を試みるので情報が喪失することはないが伝送速度が遅くなる。）

などがある。これも指数関数的な成長を遂げており、伝送できるデータの量は飛躍的に増えている。私の好きな映画に『風と共に去りぬ』があるが、これは超大作だけあって大

変に長い。ある版のブルーレイディスクでは上映時間が3時間42分もあり、約20ギガバイトものデータ量があるという。これをNTTのISDN伝送サービス（Integrated Services Digital Network 伝送速度：64 kbit/s）を利用して100％の伝送効率で送ったとしても、すべてを伝送するのに約1か月もかかってしまう。ところが、2023年現在の5G回線ならたったの8秒、そして「ビヨンド5G」と呼ばれる、いわゆる6G回線なら約1．6秒で伝送可能になる。

ネットワークの歴史（ARPANET：メッシュ型ネットワーク）

単に高速になるだけではない。端末の同時接続数も飛躍的に増加する。読者も空港やカフェなどのWi-Fiを使っていて、まわりに利用客が増え、同時接続端末数が増えると回線速度が急に下がる経験をしたことがあるのではないだろうか。一般にWi-Fiだと数十台の同時接続が上限である。1キロ平方

図6-9　「風と共に去りぬ」のデータ転送にかかる時間の変遷

時期	主な技術	ネットワーク速度	『風と共に去りぬ』のデータ伝送にかかる時間（※）
1988年	ISDN	64 kbps =0.000064 Gbps	30日8時間10分40秒 =2,621,440秒
2018年	FTTH	10 Gbps	16秒
2023年	5G	20 Gbps	8秒
2030年代	Beyond 5G	100 Gbps	1.6秒

※伝送効率が100%の場合

出所：筆者作成

メートル範囲内の同時接続可能数で言うと、4Gの時点では約10万台、5Gになると100万台まで上昇し、さらに6Gでは1000万台という超多数接続に耐え得る環境が実現する見通しである。

ここでインターネットがどのように発展してきたのかその歴史を振り返ってみたい。今から半世紀以上前、1961年米国ユタ州で同時に複数の電話中継局が爆破され、電話が不通となった。この時、この中継局を経由していた国防用ネットワークも不通状態となってしまった。

1961年といえば、東西冷戦のたけなわの頃である。翌1962年に

図6-10 インターネットの歴史

1969年	ARPANET誕生
1979年	USENET発足
1985年	TCP/IP本格利用開始
1988年	日本の大学間でWIDEプロジェクト発足
1988年	ISDNサービス開始
1989年	（ベルリンの壁崩壊）
1989年	ARPANETが民間に開放
1991年	旧ソ連崩壊
1993年	世界の「インターネット元年」（「モザイク」ブラウザの登場）
1995年	日本の「インターネット元年」（ウィンドウズ95にインターネットエクスプローラーがバンドル）
2001年	3Gサービス開始
2010年	4Gサービス開始
2020年	5Gサービス開始
2030年代	ビヨンド5G、「IOWN構想」

出所：筆者作成

米国の隣国であるキューバに旧ソ連の核兵器が秘密裏に運び込まれたことを機に世界が核戦争の瀬戸際まで迫った、いわゆるキューバ危機が起きた時期だ。そんな時期に、たった1か所の通信設備が破壊されただけで、そこを通る軍事用ネットワークが使えない事態になり得るということは、国家的課題であった。そこで、かねて米軍によって創設されていた軍事研究の拠点であるランド戦略研究所が、核戦争に耐えられるネットワークの研究を開始したとされる。ランドは「RAND」であり、「Research and Development」の略だ。現在は独立したシンクタンクだが、依然として軍事研究を得意分野としている。

ここで、なぜユタ州の電話設備が破壊されて、その周りのネットワークが不通になったのか、ご説明しよう。各ノード（交換機などネットワーク設備）がどのように相互接続させるかの全体ネットワークの類型を、ネットワーク・トポロジーという。もっとも基本的なネットワーク・トポロジーは、スター型、バス型、リング型などがあるが、当時の電話網は「ツリー型」であった。

電話機は収容電話交換機と電話線（銅線）で結ばれるが、電気信号は伝送される間に減衰し、伝送距離が長いほど減衰量は多くなる。そこで、収容電話交換機は各電話機との距離の総和が一番短くなるように、都市の中心地に設置されることが普通である。他の都市への通話は、収容交換機から中継用の交換機に繋がれ、さらにそれが多段状になって目的

図6-11　ツリー型ネットワーク

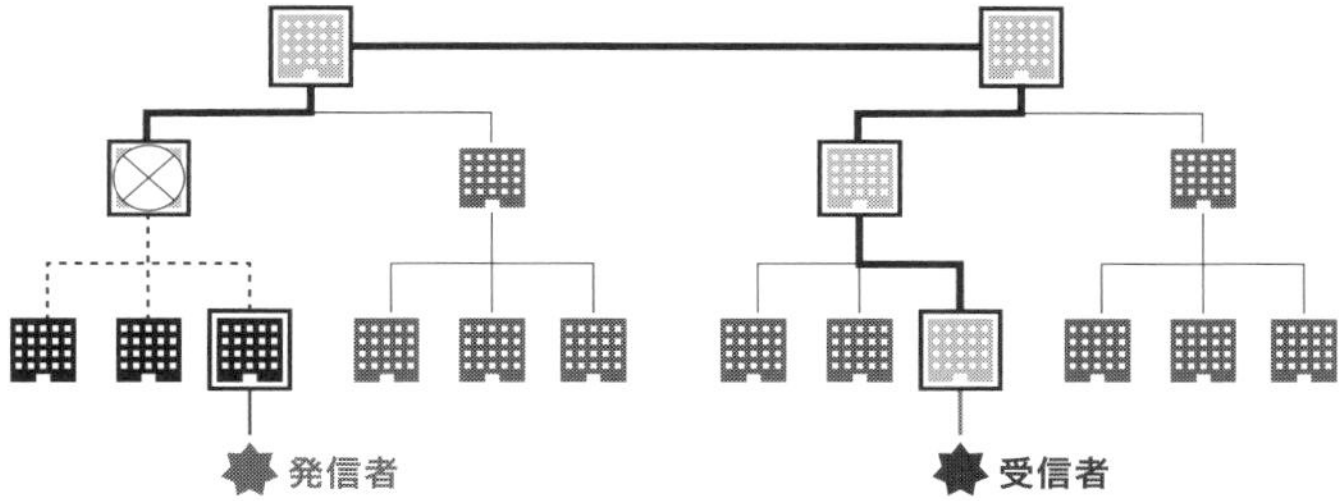

ツリー型ネットワーク：⊗を破壊すると、そこに紐づく箇所はすべて通信できなくなる。

出所：筆者作成

図6-12　メッシュ型ネットワーク

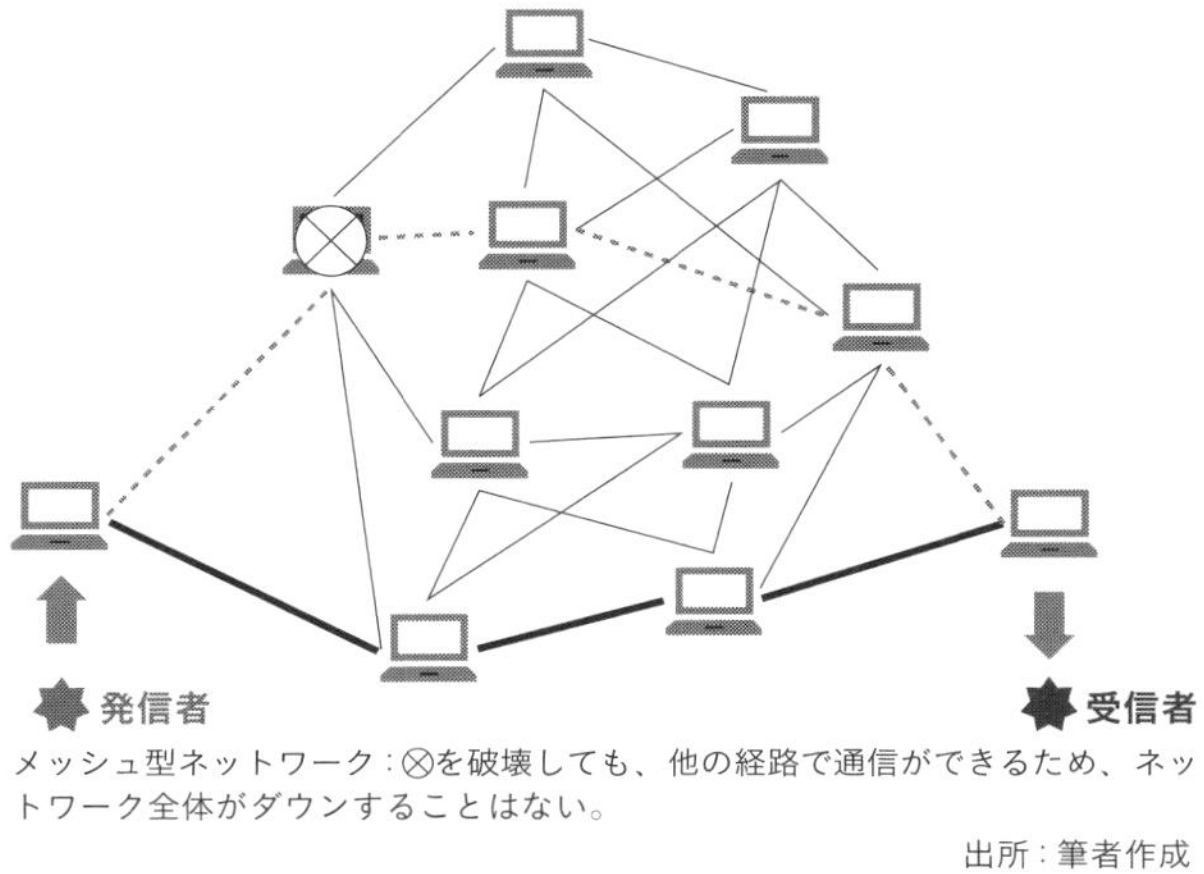

メッシュ型ネットワーク：⊗を破壊しても、他の経路で通信ができるため、ネットワーク全体がダウンすることはない。

出所：筆者作成

地の交換機まで伝送され、最終的にそこに収容されている電話機に届く。トラフィックの多い交換機どうしや、中継装交換機を多段ではなく直接結ぶ、いわゆる斜め回線なども用意されていた。

これに対し、各装置が複数の装置と相互に接続され、網目のような構造を形成したネットワークを「メッシュ型」という。図6-11および図6-12をご覧いただくとお分かりと思うが、ツリー型の場合は一か所が破壊されると、そこに紐づく端末や拠点はすべて通信が不能になってしまう。これに対し、メッシュ型の場合は、仮に一か所が破壊されても、隣接する他の端末や拠点は別の通信ルートを介することができるため、ネットワーク全体、あるいは多くの端末や拠点が通信不能になるといった事態は発生しにくい。現代風にいえば、レジリエンスな（回復力のある）ネットワーク構成なのである。厳密にいえば異なる点もあるが、単純化していえば現代のインターネットはこのメッシュ型によって成り立っている。

詳しい経緯は諸説あるが、このランド研究所の研究はメッシュ型ネットワークの考案につながったという。これはのちに米国国防総省・高等研究計画局（ARPA：Advanced Research Projects Agency）のラリー・ロバーツ博士が指揮して結実したネットワーク、すなわちARPANETとして完成を見た。ARPANETは、カリフォルニア大学ロサンゼルス校（ＵＣＬＡ：University of California, Los Angeles）、スタンフォード研究所、カリフォルニア大学サンタバーバラ校（ＵＣＳＢ：University of California, Santa Barbara）、ユタ大学、の４か所を24時間接続する通信網である。１９７３年には初めて外国（英国およびノルウェー）との接続を実現し、国際的なネットワーク網に育っていく発端となった。１９７５年、ＡＲＰＡＮＥＴによりＴＣＰ／ＩＰが開発され、１９８２年にかけて仕様が確定していった。ＴＣＰ／ＩＰとは、通信ネットワークにおいて機器と機器が接続する上での手順（これをプロトコルという）の一種で、現在のインターネットでもＴＣＰ／ＩＰは使用されている。つまり、ＡＲＰＡＮＥＴは現在のインターネットの原型である。また、ＡＲＰＡＮＥＴは当初は軍事研究のない大学は加盟が許されていなかったため、疎外されたノースカロライナ大学およびデューク大学の間で、ＡＲＰＡＮＥＴを模したともいわれる独自のネットワークＵＳＥＮＥＴを構築した。このＵＳＥＮＥＴはのちにＡＲＰＡＮＥＴと接続し、ネットワークとネットワークを結節し、さらに大きなネットワークに育っていく。このようにインターネットは米国発祥のものであるが、日本も決して遅れてはいない。１９８４年、慶應義塾大学と東京工業大学の間を接続するネットワークが構築され、のちに東京大学も参加した。これはＪＵＮＥＴ（Japan University NETwork）と呼ばれるネットワークの始まりである。ＪＵＮＥＴはのちに解散したが、３大学は別途「ＷＩＤＥ」（Widely Integrated Distributed

Environment）というプロジェクトを立ち上げ、現在も活動を行っている。

伝送技術そのものも高速化の一途をたどり、1988年4月、NTTが東京、名古屋、大阪の3地域にてISDN（Integrated Services Digital Network）の商用サービス、「ISNネット64」を開始した。

ネットワークの歴史（冷戦の終焉）

ここまで技術上の歴史を振り返ってきたが、国際政治的な変化がネットワークの発展にも大きな影響を与えている。それは1989年11月のベルリンの壁の崩壊と、1991年12月の旧ソ連の崩壊である。東西冷戦の終焉だ。さきに、ARPANETは東西冷戦たけなわの時期に軍事研究に端を発して開発された経緯を述べた。その東西冷戦が終わればARPANETの役割も変化を迎える。1989年、ARPANETは学術ネットワークと接続され、さらに1993年には一般人がアクセスできる現在のようなネットワークとなった。一説には東西冷戦の終焉により軍事的な脅威が和らいだことが影響しているとされる。

ここでも、科学技術を単に自然科学のものと捉えるのではなく、社会科学・人文科学と融合させて理解することの重要性をご理解いただけるであろう。

ここから一気にインターネットは発展の時代を迎える。インターネットの一里塚はいくつかあるが、私は1993年を「世界のインターネット元年」であると考えている。それは米国の国立スーパーコンピュータ応用研究所がインターネットのウェブブラウザ（閲覧ソフト）である「モザイク」を開発、公開した年であるからだ。それまでもブラウザは存在していたが、モザイクは初めて文章と画像を同時に表示することができることで爆発的な人気を集め、インターネットの普及に大きな役割を果たした。モザイクの開発者はのちにモザイク・コミュニケーションズ社（後のネットスケープコミュニケーションズ社）を立ち上げ、「ネットスケープナビゲーター」という、これまた人気を博したブラウザを開発する。なお、ネットスケープコミュニケーションズ社はのちにAOL社に買収された。

ネットワークの歴史（WWWの由来）

また、1993年はWWWが一般に開放された年でもある。WWWとは「ワールドワイドウェブ」の略だ。ウェブサイトを訪れる際、ブラウザのアドレスバーに「www.○○○.com」といった文字列、いわゆるURLが表示されるだろう。この「www」とは、

「ワールドワイドウェブ」の略であり、欧州原子核研究機構に務めていたティム・バーナーズ・リー卿が名付けたものである。WWWとは、ウェブサーバーが文書などの情報を保持・提供し、さらに他の文書へのリンクを介し、データとデータを結びつけるネットワークシステムである。世界中を網目のように結びつけるため、ワールドワイドウェブと名付けられた。このワールドワイドウェブを一般に公開したのが1993年というわけだ。1993年はまことにインターネット元年と呼ぶにふさわしい年である。なお、ティム・バーナーズ・リー卿は、当初、「ワールドワイドウェブ」ではなく、「ワールドワイドメッシュ」と名付けようとしていたようである。さきに述べたとおり、「メッシュ型」がインターネットのトポロジーであることを踏まえると、「ワールドワイドメッシュ」のほうが自然である。しかし、「メッシュ」(mesh)は「メス」(mess)と聞き間違える可能性がある。messは「混乱」、「めちゃくちゃ」といった意味のほか、スラングにおいて低俗な意味合いも帯びるため、避けたといわれる。

ネットワークの歴史(インターネット元年)

世界の「インターネット元年」が、「モザイク」ブラウザが登場した1993年だとすると、日本の「インターネット元年」は、1995年がふさわしいと考えている。1995年といえば、マイクロソフト社のOS（Operating System：基本ソフト）である「ウィンドウズ95」が発売された年である。「ウィンドウズ95」の何が画期的であったかというと、もちろん、家庭用の比較的安価なパソコンでも動作することや、ハイカラーの美しい画面であったこともあるが、何よりインターネットに接続することを前提とした構成になっており、「インターネットエクスプローラー」がバンドルされていた（標準で組み込まれていた）ことだ。これにより日本のユーザーにもインターネットの利用が爆発的に普及したのである。

以降、インターネットがさらに普及していったことは周知のとおりである。また、無線回線の発達も見逃せない。1999年2月、NTTドコモが世界で初めて、携帯電話からインターネット接続や電子メールの送受信が可能な「iモード」のサービスを開始、2001年にはまたもNTTドコモが世界で初めて3G（第3世代移動通信システム）をサービス開始し、モバイルでのインターネット接続が一般化した。そののち4Gは2007年のアップル社のスマートフォン「アイフォーン」や、2008年のグーグル社の「アンドロイド」OSを搭載したスマートフォンの登場も相まって、さらにモバイルでのインターネット接続が身近になった。2020年代には5Gのサービスも始まっている。ここまで、ざっと10年ごとに3G、4G、5Gが次々に登場していくが、では6Gはどうなるかというと、すでに研究開発は始まっており、2030年代のサービス開始を目指す企業や団体が多い。6Gは「5Gを超える」という意味で「ビヨンド5G」とも呼ばれるが、どちらにしてもあくまで俗語の段階であり、正式に「○G」を定める国際電気通信連合（ITU：International Telecommunication Union）の承認を得たものではない。しかし、米国、中国、韓国、そして北欧も含めて開発競争は水面下で激化している。日本でも総務省が2020年から「ビヨンド5G推進戦略懇談会」を発足して、国を挙げての取り組みを行っている。

IOWN構想

6Gの日本の取り組みとしては、NTTが進めている「IOWN（アイオン）構想」にも触れておきたい。IOWNは「Innovative Optical and Wireless Network」の頭文字をとったアクロニムである。2019年5月にNTTが発表したICTインフラ基盤の構想で、従来のネットワークよりも「低遅延」、「低消費電力」、および「大容量・高品質」な次世代型のネットワーク基盤を実現しようというものだ。日本のみならず、世界を牽引する技術的ムーブメントを目指しており、そのコミュニティである「IOWNグローバルフォーラム」（IOWN Global Forum）は、NTTとソニー、そして米インテル社によって設立された。その後もメンバー企業は続々と増えており、大手IT企業や情報通信企業、自動車メーカー、機械メーカー、コンサルティング会社、広告代理店、金融機関、政府系機関などのいわゆるユーザー企業も加盟している。海外勢だと、米マイクロソフト社、シスコ社、フィンランドのノキア社、スウェーデンのエリクソン社など、広がりを見せている。

そもそも「IOWNグローバ

図6-13　「IOWN構想」とは

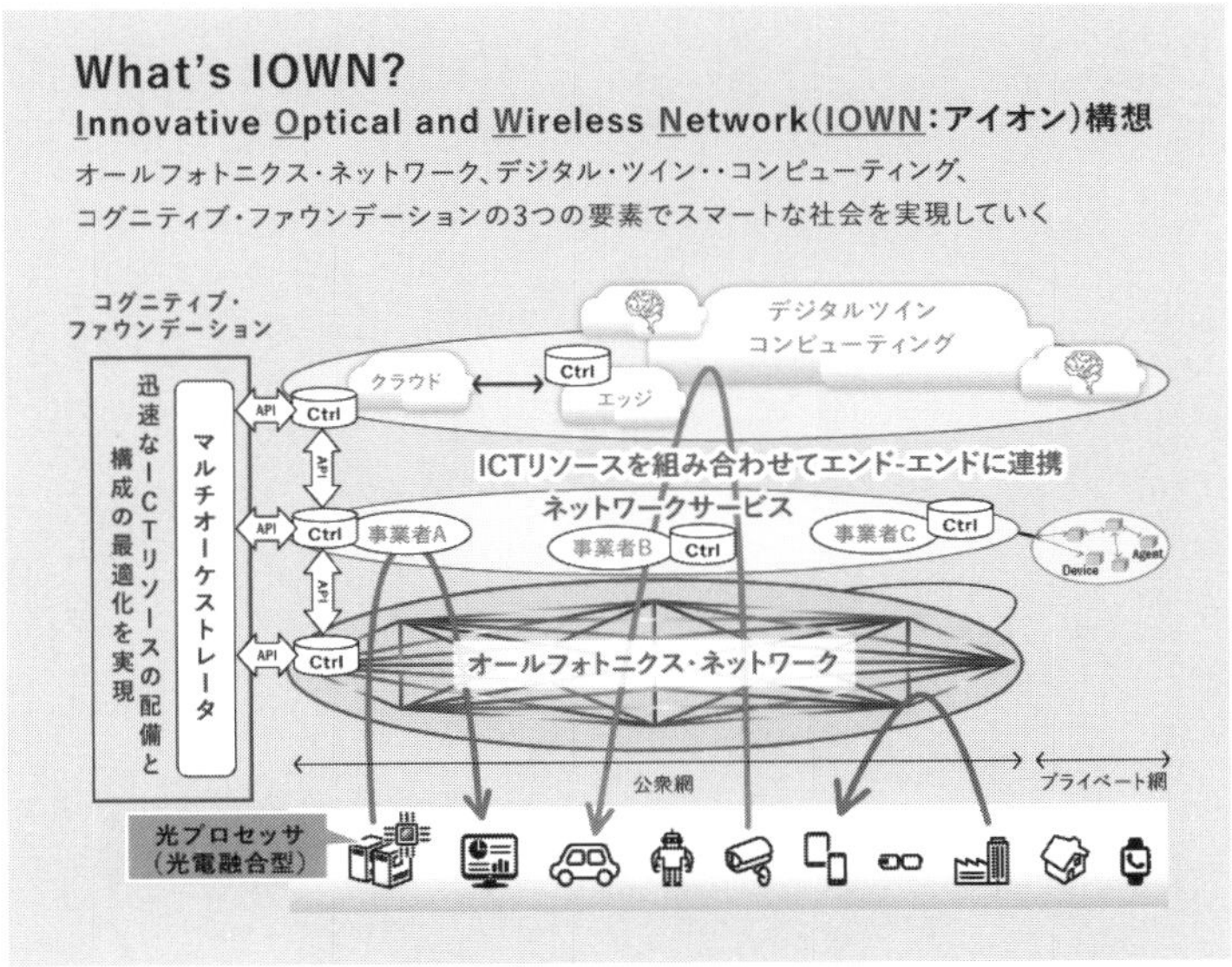

出所：NTT R&Dウェブサイト<https：//www.rd.ntt/iown/>より

ルフォーラム」（IOWN Global Forum）自体が米国に本拠を持ち、その公式ホームページにおいてもすべて英語で情報発信していることからも、最初から世界標準を目指しているさまを感じ取ることができるだろう。

図6-14は、世界のＩＴ関連機器の消費電力の推移の予測である。２０１６年から２０３０年にかけて約36倍、２０３０年から２０５０年にかけて約１１９倍と、飛躍的に増加すると試算されている。しかし、現在の全世界発電量は30,000TWh程度なので現実的ではなく、指数関数的に増加するだろうと予測されているデジタルデータを現在のＩＴ機器で伝送・蓄積・処理するとした場合の単なるシミュレーションである。ただ大事なことは、このままの傾向が続けばＩＴ機器による電力消費が人類の生活をお

図6-14　IT関連の消費電力予測

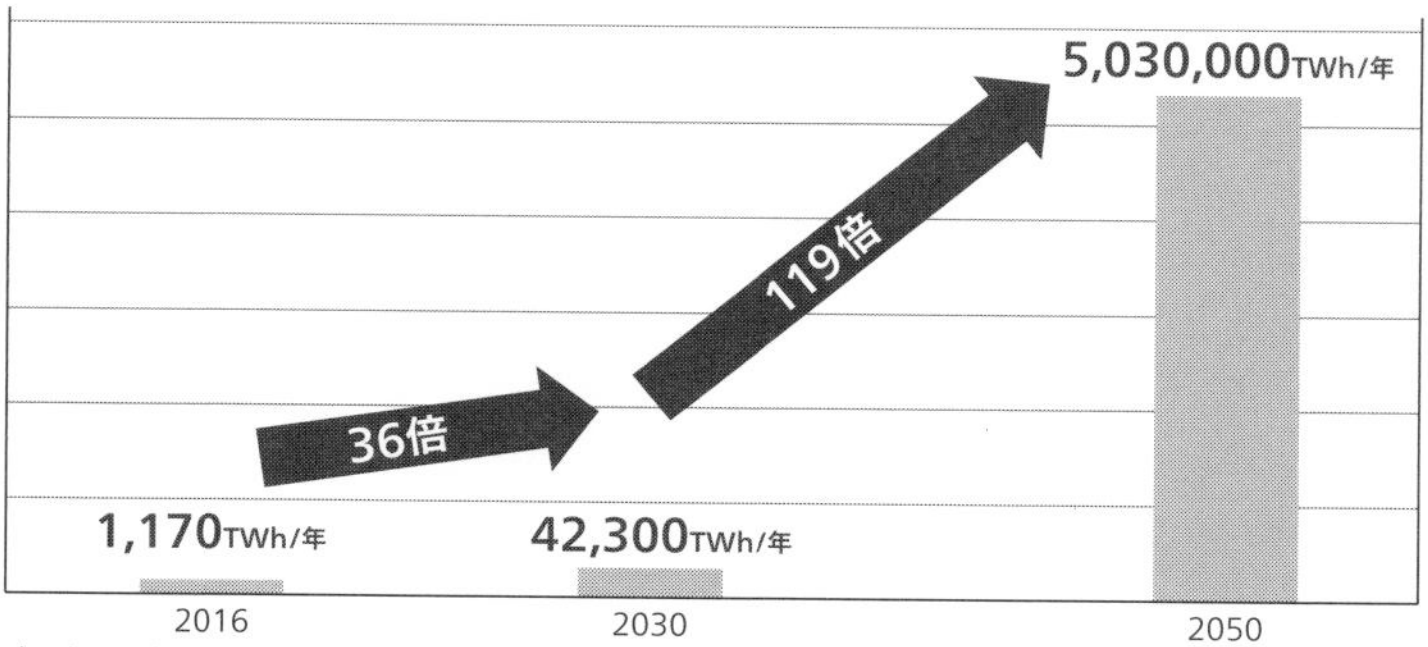

出所：国立研究開発法人 科学技術振興機構のレポート<https://www.jst.go.jp/lcs/pdf/fy2018-pp-15-gaiyou.pdf>をもとに筆者作成

びやかすまでになる恐れがあるということだ。そこで、「ＩＯＷＮ構想」により、増大する情報処理やそれに伴う電力の課題を克服できるものと注目されている。

「ＩＯＷＮ構想」の技術面でのキーワードは「フォトニクス（光工学）」だ。従来の通信技術は、エレクトロニクス（電子工学）に立脚していた。コンピュータで演算を行うチップは従来、使い勝手がよく、研究開発の知見の蓄積がある、電子工学が活用されてきていた。しかし、物理的な限界が次々と出てきている。例えばＣＰＵの指数関数的な性能の進化を見ていただいたように、内部構造の微細化やマルチコア技術、マルチスレッド技術といった工夫により、これら限界を順に突破してきたが、いつまでも現状の技術の延長線上の性能改善が通用するかどうかは分からない。また内部構造の高集積化が極まった結果、チップ内の配線の発熱量の増加が性能を制限しつつあるという問題もある。

そこでその停滞感を突破するための切り札が、光工学（フォトニクス）だ。従来の電子工学と光工学とかけ合わせた「光電融合技術」により、低消費電力、大容量・高速・低遅延といった飛躍的な性能の向上が期待されている。つまり、現在とは比較にならないほど、速く、大量のデータを、電力消費を抑えて伝送・処理することが可能になるのである。

「ＩＯＷＮ構想」ではこの光電融合技術を取り入れた仕組みを「オールフォトニクス・ネットワーク」と名付け、情報処理基盤のポテンシャルの大幅な向上を図れるものと位置付けている。

この「オールフォトニクス・ネットワーク」と、「デジタルツインコンピューティング」、「コグニティブ・ファウンデーション」とを合わせ、「ＩＯＷＮ構想」の3つの主要技術分野が成り立っている。

「オールフォトニクス・ネットワーク」で何ができるかといえば、現状のインターネット回線を通じて行われていることをほぼカバーするポテンシャルがある。例えば、新型コロナ禍でテレワークが浸透しビデオ会議が一般化したが、接続先の人の発話と微妙なズレが発生し、会話がうまくかみ合わないことがあるだろう。しかし、「ＩＯＷＮ構想」のネットワークなら、タイムラグはほぼないと言って

図6-15 IOWNの3つの主要技術分野

オールフォトニクス・ネットワーク	情報処理基盤のポテンシャルの大幅な向上	ネットワークから端末まで、すべてにフォトニクス（光）ベースの技術を導入し、これにより現在のエレクトロニクスベースの技術では困難な、圧倒的な低消費電力、高品質・大容量、低遅延の伝送を実現する。
デジタルツインコンピューティング	サービス、アプリケーションの新しい世界	モノやヒトをデジタル表現することによって、現実世界のツインをデジタル上に高精度に構築することで、未来の予測ができるようになる。また、ヒトの内面をも含む相互作用をサイバー空間上で実現できるようになる。
コグニティブ・ファウンデーション	すべてのICTリソースの最適な調和	「マルチオーケストレータ」という機能により、あらゆるICTリソースを最適に制御することで、社会や人間のニーズに応えるソリューションを迅速に提供することができるようになる。

出所：NTT R&Dウェブサイト <https://www.rd.ntt/iown/>を参考に筆者作成

図6-16　遠隔地にいる指揮者・演奏者が「IOWN」を介して合奏する様子

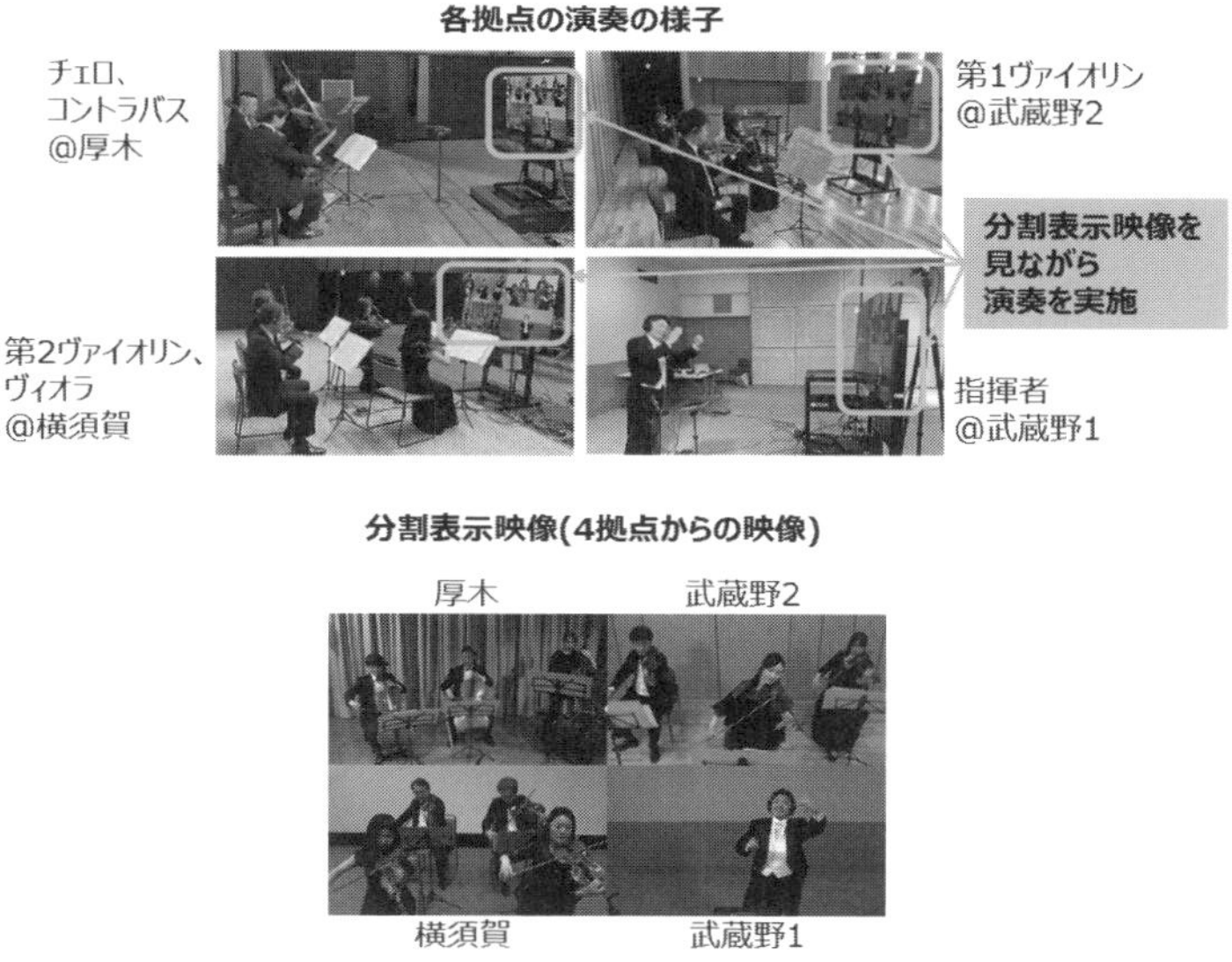

出所：NTTウェブサイト「リアルタイム遠隔セッションを実現する超低遅延の映像分割表示処理技術の実証」<https://group.ntt/jp/newsrelease/2022/03/04/220304a.html>より。
協力：日本フィルハーモニー交響楽団　永峰大輔氏（指揮）

よい。2022年3月、NTTはデモンストレーションとして、武蔵野にいるオーケストラの指揮者が、横須賀のヴァイオリン奏者、厚木にいるチェロ奏者を、IOWNを模したネットワーク上で指揮したことがある。

NTTデータでは毎年「NTTデータ・コンサート・オブ・コンサーツ」というクラシックの演奏会をサントリーホールで開いており、2022年で27回目を数えている。日頃お世話になっているお客様のみならず、一般の方々へもご案内して抽選でご招待している。日本を代表するオーケストラのコンサートマスター、首席奏者たちが一堂に集ったジャパン・ヴィルトゥオーゾ・シンフォニー・オーケストラを構成し、その演奏会は大変好評を博している。

また、私はNTTグループ社員、退職者およびその家族が奏者を務める「NTTフィルハーモニー管弦楽団」(NTTフィル)の代表を務めており、毎年2回の定期演奏会を開催している。このような縁もあって、クラシック音楽の演奏はごくわずかなタイミングのズレが許されないシビアな世界であることを、身をもって知っている。指揮者と演奏者が同じ空間にいてさえもわずかなタイミングのズレが許されないこの厳しいユースケースであるが、前述のNTTの実証実験では、離れたところにいる指揮者、演奏者が互いに映像遅延のストレスなく合奏してみせたのである。

スターリンク

国際通信網における主要な伝送路は海底ケーブルと衛星通信回線である。日米の初めての衛星通信は1963年11月23日に行われたテレビの衛星通信実験である。ご存じの方も多いと思うが、その時初めて伝送されたニュースはケネディ大統領の暗殺事件であった。私も早朝に起きて見た記憶がある。1回目の午前5時半頃の中継は、砂漠の映像だった記憶があるが、9時前の2回目の中継は衝撃的な事件報道であった。

その後、海底ケーブルの伝送容量が飛躍的に増大したことや、衛星通信特有の遅延などにより、現在ではインターネットも含めて99％以上が海底ケーブルである。衛星通信は補完的に利用されているのみである。しかし、ここにきて大きな変化も見えてきた。

それは、第1章でも登場したテスラ社のCEOでもあるイーロン・マスク氏のスペースX社が手掛ける「スターリンク」である。「スターリンク」とは、衛星による通信サービスだ。既存の通信網が使えない場所でもインターネット接続が可能となる。通常の静止衛星は地上約3万6000メートルを飛んでおり、例えば気象衛星「ひまわり」などもこの高度に位置している。一方でスターリンクの衛星は主にはそれらより低軌道を飛んでおり、日本でサービスが開始された2022年10月時点で約3,500機の衛星が地球上を取り囲むかのように覆っている。この高度の衛星は地上に対して静止していないが、数多くの衛星で途切れることなく通信を行っている。

すでに「スターリンク」は日本を含めて、北米、ヨーロッパ、オーストラリア、ニュージーランドなどで利用されている。また、ロシアによるウクライナ侵攻においても利用が開始され、ウクライナ軍の軍事用にも転用されていることは、第1章で触れたとおりである。米国の空軍もスターリンクと大型契約を締結しているようだ。このように、情報の伝達インフラの確保が死活問題な現代にあって、宇宙を活用したネットワークは重要度を増している。

宇宙統合コンピューティング・ネットワーク

日本も負けていない。2022年5月、NTTとスカパーJSATは、「宇宙統合コンピューティング・ネットワーク」の推進を念頭に、業務提携した。

❶宇宙センシング事業：地上と宇宙のセンシングデータ統合基盤

従来の観測衛星による観測データに加え、世界で初となる低軌道衛星ＭＩＮＯ技術（マイモ：無線通信において、送信機と受信機の双方で複数のアンテナを使い、通信品質を向上させるための技術）によりグローバルに設置されている地上ＩｏＴ端末データを収集する、宇宙と地球を統合したセンシング基盤を提供します。さらには、テラヘルツ波等により従来見えなかった情報を可視化する新たなセンシング技術を開発し、宇宙データの価値向上、宇宙データ利活用の可能性拡大に貢献します。

❷宇宙データセンタ事業：宇宙における大容量通信・コンピューティング基盤

光電融合技術による低消費電力化と高宇宙線耐性の実現により、宇宙におけるコンピューティング処理基盤を提供します。また、光通信技術を活用した分散処理コンピューティングにより様々な高度なデータ処理を可能とします。例えば、宇宙で収集される膨大な各種データ等を高速光通信ネットワークを通じて即座に宇宙空間にて、情報集約・分析処理し、情報を必要とするユーザに必要な情報のみを即座に届けることで、宇宙データ利活用のリアルタイム性、ユーザ利便性の飛躍的な向上に貢献します。

❸ 宇宙RAN（Radio Access Network）事業：Beyond5G/6Gにおけるコミュニケーション基盤

Beyond5G/6Gで期待される衛星（低軌道・静止軌道）・高高度の通信プラットフォームを用いたモバイル基地局によるアクセスサービスを提供します。例えば、災害時における究極の高信頼メッセージングサービスや超広域カバレッジ化等、より一層のモバイル通信の利便性／価値向上に貢献します。

つまり、これまでは地球上を前提としていたインターネット回線や、データセンタが、宇宙において可能となるのである。これは、

図6-17　宇宙統合コンピューティング・ネットワークがめざす世界観イメージ

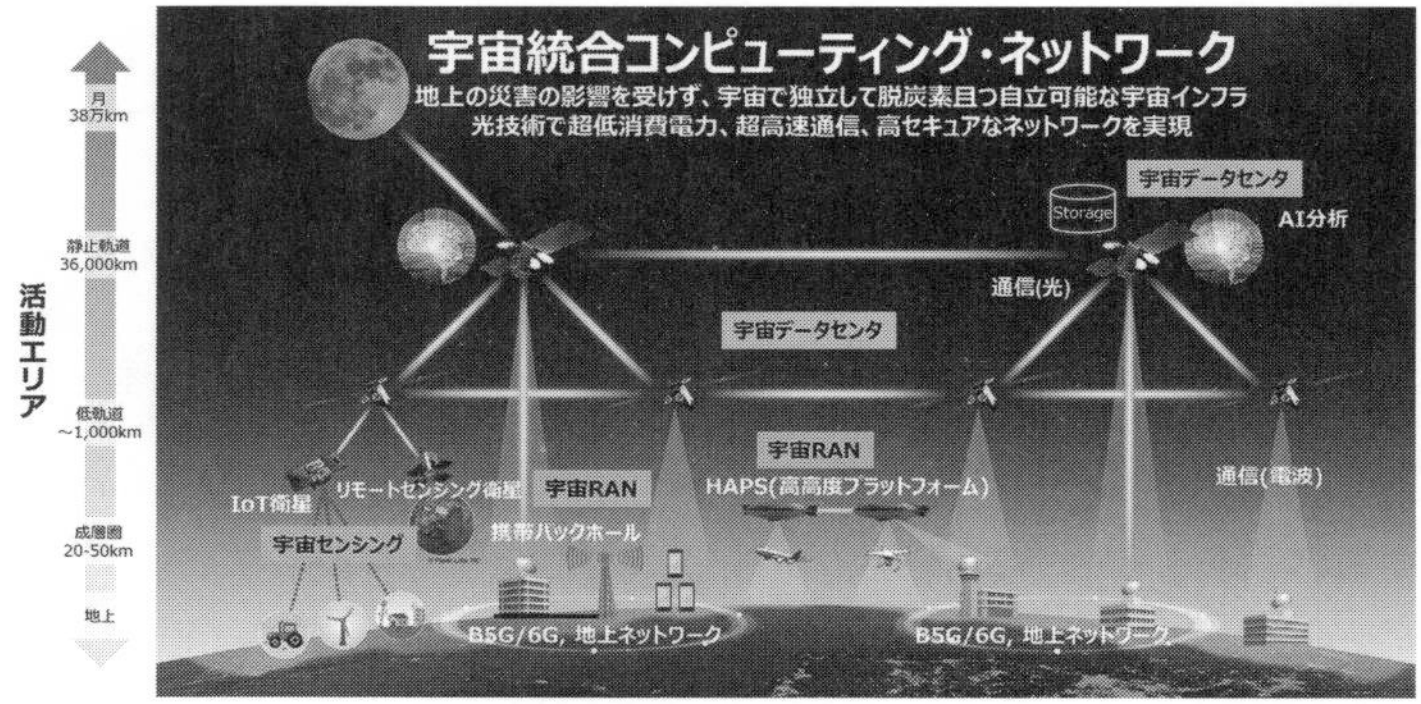

出所：NTTウェブサイト<https://group.ntt/jp/newsrelease/2021/05/20/210520a.html>より

単に利便性を追求するためのものではなく、エネルギー・環境／気候変動・防災・スマートシティなどの多様な分野において宇宙を活用することで、持続可能な経済・社会活動を確立しようという壮大なものだ。あらゆる方面で宇宙の可能性、必要性が見えかけている今、宇宙をネットワークに活用する上で日本の技術が活きることを期待したい。

第7章

情報の3階層

第1節 データはなぜ重要か

データとは

経営の3要素、あるいは経営資源の3大要素として、長らく「ヒト・モノ・カネ」と言われてきたが、最近ではこれに「データ」が加わり、「ヒト・モノ・カネ・データ」と言われるようになった。しかし、データはなぜ重要なのであろうか? そもそもデータとは何か? 根源的なところから考えてみたい。

データ（Data）の語源は、ラテン語・イタリア語の「Dare」で、これは「与える」とか「与えられたもの」とかといった意味の言葉である。これを踏まえて「データ」とは何かを定義するとすれば、「伝達、解釈、処理できるように表されたもの」、ということであろうか。これだと分かりにくいので、「人が客観的に感知できるもの、分かるもの」と私なりに解釈している。今日は暑いとか、風が吹いているなど、こうした自然現象は古今東西あらゆる場面で存在していたが、温度計や風速計などが登場してきたことで、個人差によらずはっきりと感知できることで、データとなる。

自然現象と社会現象

地球が誕生して46億年、あらゆる森羅万象は、始めは自然現象のみであった。今から20万年ぐらい前に現在の人類の直接的な祖先、ホモサピエンスが誕生することにより、いわゆる社会現象が加わった。社会現象とは人間社会における経済、芸術、宗教、戦争など人によって引き起こされるすべての現象である。

これまでの森羅万象を現代の人類が分かるには、太古の地層や化石を分析することになる。また、人類の祖先は洞窟に弓矢などで獲物を捕らえた絵を残しているが、これにより、どんな獲物をどんな道具で捕えていたかが分かる。時代が下がって、人は甲骨や石板、パピルスや紙や木簡に文字や記号を残している。これらの解析によって当時の様子が分かってくる。

しかし、これらのデータはすべてアナログデータである。コンピュータの登場以前は、それに触れる人間が分かればよいからである。コンピュータが登場し、これまで述べてきたようにＩＴが飛躍的に進化すると、これらのアナログデータのすべてをデジタルデータ化することができるようになる。まだ完璧ではないものの、自然現象と社会現象のほとんどすべてをデジタルデータ化できると、それらをコンピュータで処理することができるようになる。ここに、データの価値が飛躍的に向上する源泉がある。温度計や風速計の値を単に人が見て把握するのと違い、多くの地点の気象データをデジタル化してコンピュータに投入し、それ以外の様々なデータと組み合わせて気象現象をシミュレーションすることができると、天気予報の精度が格段と向上するのである。

かつて地中海は干上がっていた

データの意味がよく分かる自然現象の例を挙げる。600万年前ぐらいに地中海が干上がっていたことをご存じだろうか。小学校の理科の授業で、塩水を蒸発皿に載せ、アルコールランプで炙ったことがあるだろう。水分が蒸発し塩の結晶ができるが、実際の海が干上がったらどうなるだろうか。蒸発岩と呼ばれる析出物が出てくる。蒸発岩は岩塩（塩化ナトリウム：NaCl）、硬石膏（硫酸カルシウム：$CaSO_4$）などが主成分である。

1970年頃、スペイン、バルセロナの沖合、西地中海の深い海底を掘削したところ、大量に堆積している蒸発岩が発見されたという。この堆積していた蒸発岩がデータになる。これほどの蒸発岩が堆積するためには、大量の海水が蒸発する必要があり、大昔に一部か全部かは別にしても、地中海が干上がっていたという分析結果を導き出せるのである。結論として、約500〜600万年前、地中海が干上がっていたという「メッシニアン塩分危機」という現象が起こっていたということが、証明されたのである。

ヨーロッパのイベリア半島、スペインと北アフリカ、モロッコの間にあるジブラルタル海峡が、何らかの理由で塞がってしまった。氷河期で大西洋の海面が下がったという説や、地殻変動でアフリカ大陸がユーラシア大陸に接近したという説など諸説あるが、本当のところは未だ分かっていない。いずれにしてもジブラルタル海峡が塞がってしまったのだ。そもそも地中海は乾燥気候にあるため、蒸発量が非常に多く、ナイル川などの河川から流入してくる水量よりも、蒸発する水分のほうが多い。ジブラルタル海峡経由で大西洋から海水が流入してきていることで、地中海が存在しているわけである。約500〜600万年前にはスエズ運河などないので、そのジブラルタル海峡が塞がれば、当然に地中海は長い年月をかけてやがて干上がる。しかし、広大な地中海が干上がっていたという説はにわかには信じがたく、異説を唱える人も多数いたようだ。ヨーロッパ、アジア、アフリカにまたがる大海であり、これが干上がるなど考えられないのも理解はできよう。しかし、蒸発岩という「データ」によって、その説は動かしようのない事実として我々は大昔の自然現象が分かったのである。

第2節 情報の3階層の重要性

データ、インフォメーション、インテリジェンス

このように、データはときに信じがたい洞察をもたらす源泉となる。しかし、「地中海の海底に蒸発岩が堆積している」という情報と、「約600万年前に地中海が干上がっていた」という情報の間には、そのレベル感に大きなひらきを感じないだろうか。ここまで情報が重要と言われていながら、私たちはどんな情報も十把一絡げに「情報」と総称してしまっているのが実態だ。

拙著『自分のために働く』（ダイヤモンド社　2018年）でもご紹介したことであるが、私の情報の捉え方である「情報の3階層」について改めてご紹介したい。一口に「情報」といってもその意味合いは様々であり、分類して考える必要がある。私は、「情報」を、「データ」、「インフォメーション」、「インテリジェンス」の3つのレイヤーに分けており、それぞれ意味合いが異なると考えている。

図7-1　情報の3階層

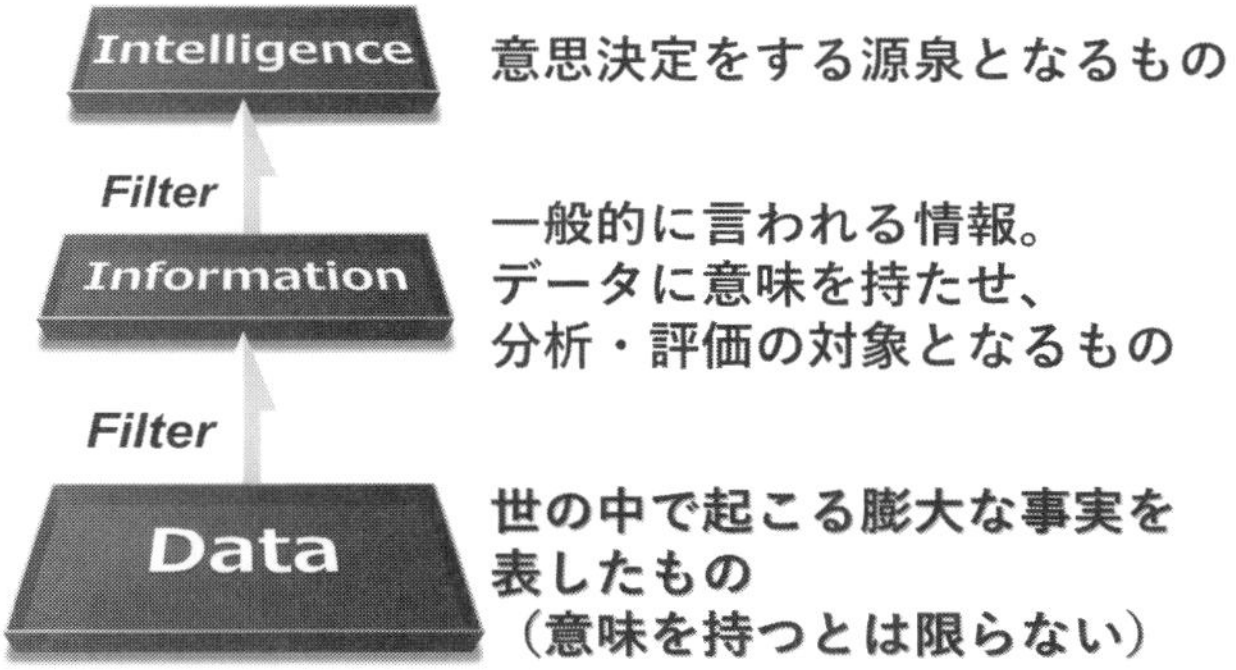
Intelligence
意思決定をする源泉となるもの
Filter
Information
一般的に言われる情報。
データに意味を持たせ、
分析・評価の対象となるもの
Filter
Data
世の中で起こる膨大な事実を
表したもの
（意味を持つとは限らない）

出所：筆者作成

データ	この世界の森羅万象のあらゆる事実。世の中で起こる膨大な事実を表したもの。自然現象と社会現象のすべて。必ずしも意味を持つとは限らない。
インフォメーション	データに意味を持たせ、分析・評価の対象となるもの。一般的に言われる「情報」はインフォメーションを指すことが多い。例えば、「情報技術」はIT、すなわちインフォメーションテクノロジーの略である。
インテリジェンス	インフォメーションをさらに推し進めて分析・評価したもの。分析・評価の際には、個々人の判断基準（経験値・価値観・倫理観など）が伴う。このインテリジェンスが意思決定と行動の源泉となる。

さらに、この3階層を上がるには何らかのフィルターが関与している。「データ」から「インフォメーション」、「インフォメーション」から「インテリジェンス」に上がるには、それぞれのフィルターが存在しており、この様々なフィルターの働きや正確性などによって結果はまったく異なってしまうこともある。フィルターの重要性は後で詳しく説明する。

インテリジェンスは判断・行動の源泉

インテリジェンスとは意思決定や行動を起こすために、インフォメーションを分析して得られる知見である。「インテリジェンス」と聞けば、情報機関、諜報機関が思い起こされがちである。安全保障分野でのテクニカルタームとなっているからだ。

実際、諜報機関の名称には「インテリジェンス」を当てるものが非常に多い。米国の中央情報局（ＣＩＡ：Central Intelligence Agency）を筆頭に、映画の「ジェームズ・ボンド」が所属しているという設定でおなじみの英国の諜報機関ＭＩ６は「Military Intelligence section 6」の略称である。日本の内閣調査室も英名は「Cabinet Intelligence and Research Office」である。

しかし、私がいう「インテリジェンス」はもう少し広く一般的な意味を持たせており、知能とか知恵といったニュアンスを有している。
「データ」も「インフォメーション」も「インテリジェンス」もすべて情報と言い換えることができる。情報の3階層で整理したように、「データ」から「インフォメーション」、「インテリジェンス」と階層を上げていくにしたがって情報の持つ意味合いが変わってくる。昇華されていくと言っても良い。情報はなぜ必要か、重要かというテーマに関係してくるが、個人でも企業でも国家でも、何らかの行動を起こす時、意識的であれ、無意識的であれ、何らかの判断の基になる情報を頼りにしている。これが「インテリジェンス」である。

安全保障の分野で「インテリジェンス」がテクニカルタームになっているのは当然である。政治、外交、防衛といった機微な意思決定は、決して単なる「データ」や「インフォメーション」によって起こされてはならず、「インフォメーション」を様々な角度から検証し、選択する行動の是非を厳しく比較検討されて高められた「インテリジェンス」によって為されるのである。ごく単純な事実、つまり「データ」だけを鵜呑みにしてアクションを起こし、外交問題や国際紛争になったら大変なことである。様々な「データ」を集め、解釈して「インフォメーション」にし、「インテリジェンス」に昇華してこそ、外交・防衛上の意思決定ができるのである。

明智光秀のインテリジェンス

「インテリジェンス」の意味合いを深掘りしてみよう。2020年のNHK大河ドラマ「麒麟がくる」で改めて注目を浴びた戦国武将の明智光秀。いうまでもなく織田信長の有力な家臣の一人であり、本能寺の変で主君である信長を討ったことで知られる。では、なぜ光秀は本能寺の変を起こしたのか。その動機については何十もの学説があり、さらに在野の研究者や一般の歴史好きの方々の説も加わり、多種多様なものがある。それは未だに日本史最大のミステリーの一つとされる。

本能寺の変は事実だけを見れば複雑なものではない。天正10年6月2日（1582年6月21日）早朝、明智光秀が突如謀反を起こして、京都本能寺に滞在中の織田信長を襲撃し、信長は寺に火を放ち自害した事件である。

この本能寺の変における光秀の動機を「情報の3階層」で分解してみよう。

❶本能寺の変の起こった1582年、各地の武将の動向など政局に関する様々な事象が「データ」である。

❷密偵や家臣からの報告、遠方の使者からの密書など、様々なフィルターを通して情報を吸い上げてくる。信長は本能寺で無防備である、信忠も近隣の妙覚寺にいる、

秀吉や勝家は遠征中、などといったものが「インフォメーション」として上がってくる。

❸そして、その「インフォメーション」が、信長への怨恨なのか、光秀自身の野望なのか、信長の非道に対する倫理観なのか、真相は分からないが、それら光秀の経験や価値観のフィルターを通して「敵は本能寺にあり！」という光秀にとっての「インテリジェンス」に昇華された行動であった。

この❸、すなわち「インフォメーション」から「インテリジェンス」に昇華する際に重要なのが、光秀の倫理観、価値観、怨恨の感情、天下取りの野望など、人間に内在する心の働きが作用していることである。これは本

図7-2　明智光秀の「情報の3階層」

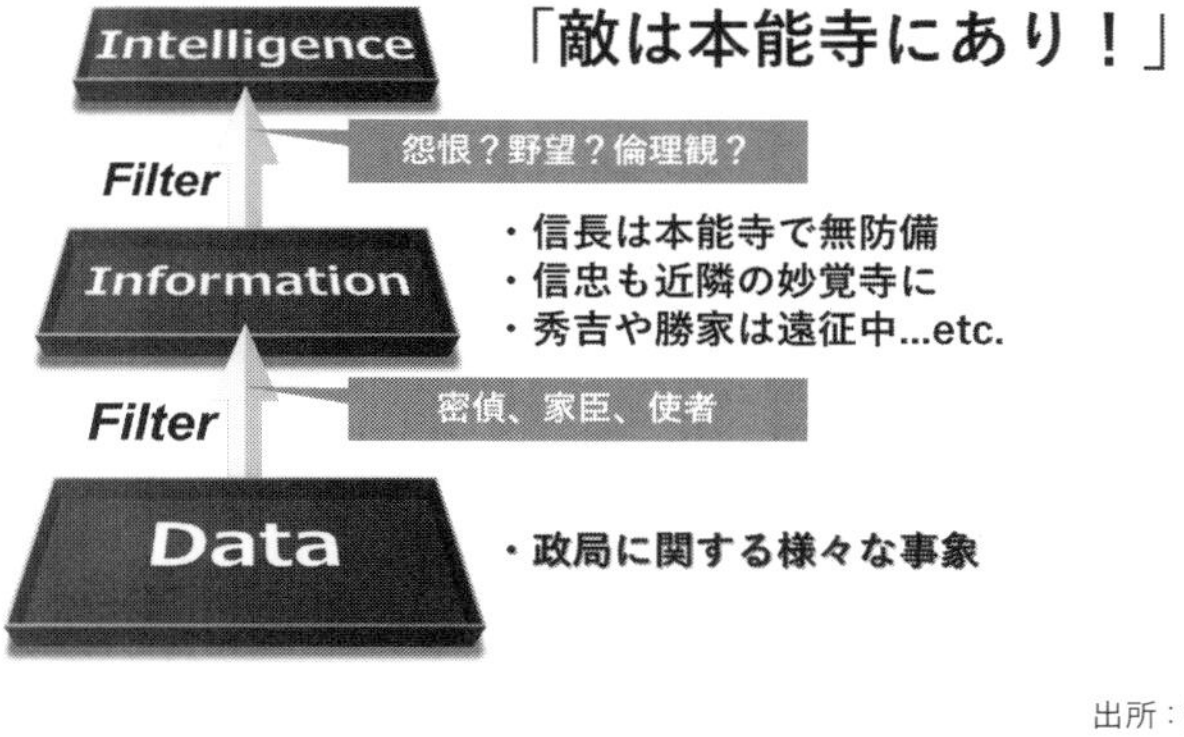

出所：筆者作成

来、人間にしかできないものであり、それであるからこそ同じ「インフォメーション」を受け取っても人によってまったく異なる「インテリジェンス」に昇華され、異なる行動を起こすのである。

さらに卑近な例を挙げれば、「お昼に何を食べるのか」といった日常的な事柄がどのように決定されているのか、そのメカニズムである。和食を食べに行く人もいれば、人によっては洋食、さらには中華料理やエスニック料理、コンビニエンスストアに弁当を買いに行く人もいるかもしれない。その時に、一人で食べるか、職場の同僚と一緒か、久しぶりに遠方から訪ねてきた友人とか、仕事上のお客様とか、など状況は様々だ。最近開店したお店の割引クーポンがあるといったことも考えられる。その時の体調もある。これらがすべて「インフォメーション」であり、自分の好み、コストのかけ具合、相手への配慮など、価値観や経験値などがフィルターとなって何を食べに行くかを決めている。習慣的や無意識的に判断をしていることも多いが、全てこうした情報処理のプロセスが働いて行動が決定されている。

読者が今、本書を読んでおられるのも何らかの「インテリジェンス」の結果であろう。面白そうと思ったか、「データ」に関する知識を少し学んでみたいと思ったか、筆者と知り合いだったからか、この本を読もうとする行動の裏側の「インテリジェンス」が必ず働いているのだ。

注意点（誤解と恣意的選択）

これまで説明してきたように、情報は「データ」、「インフォメーション」、「インテリジェンス」の順に昇華し、重要度が高まっていく。しかし、その過程で注意しなければならないこともある。その例をいくつかご紹介しよう。

まずは、「データ」から「インフォメーション」に昇華する際に気を付けねばならないのが、誤解と恣意的選択である。例えば、資料7-1の写真をご覧いただきたい。ギリシャのアテネ、アクロポリスの丘にあるパルテノン神殿である。アテネの守護神

資料7-1　ギリシャ・アクロポリスの丘のパルテノン神殿

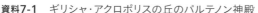

であるギリシャ神話の女神アテーナーを祀る神殿だ。ユネスコのシンボルマークにも取り入れられるほど有名な世界遺産であり、黄金比のデザインが大変美しい。紀元前5世紀のギリシャ世界に思いを馳せる面々もおられるだろう。この写真を見ると、パルテノン神殿を中心として広々と広がる古代の街並みが思い浮かぶ。

ところが、一度でもアテネを訪問した方は別の光景を思い浮かべていることだろう。資料7-2の写真をご覧いただきたい。パルテノン神殿を遠景で撮影したものである。アテネは複雑な地形でできており、実はパルテノン神殿はアクロポリスの小さな丘の上に建設されている。どちらも正しい写真であるが、パルテノン神殿を美しく表現しようとして、

資料7-2 パルテノン神殿の遠景

これだけに焦点を当てた結果、写真撮影の仕方や画像の切り取り方によって、観る人の印象はまったく変わってしまう。同じ「データ」でも、「インフォメーション」に昇華する際にフィルターの選択によっては異なった情報に代わってしまうということだ。

別の留意点を挙げよう。それは、故意に「データ」を歪めて「インフォメーション」化する事例である。否定の意味を付加する接頭辞「dis-」を付けて「ディスインフォメーション」(disinformation)、偽情報である。

2016年の米国大統領選挙は、周知のとおり最終的には共和党のドナルド・トランプ候補と民主党のヒラリー・クリントン候補により戦われた。2015年から多くの候補者が出馬表明し、2016年に入ると予備選挙・党員集会が集中する3月第2火曜日、いわゆる「スーパーチューズデー」に向けて一気に全米が大統領選への機運が高まった。7月には共和党・民主党それぞれの全国大会が開催され、各党の大統領選候補者が正式指名され、正式に一騎打ちの様相を呈する。そして秋に大規模なテレビ討論会が行われたのち、11月にエレクション・デーを迎えるのである。

2016年米国大統領選挙でも、過去の大統領選と同様、メディアの激しい報道合戦が繰り広げられたが、注意しなくてはならないのは2016年の選挙では前述のようないくつかのイベントを経るほどにソーシャルメディアの存在感が高まっていったことである。

そして、玉石混交の情報の中には、フェイクニュースも混じってくる。あるソーシャルメディアでは、選挙記事トップ20のエンゲージメント（いいね！やシェア）の数が、当初は主要メディアのほうがフェイクニュースよりも多かったが、8月から11月にかけて逆転し、フェイクニュースのほうが主要メディアのニュースよりもエンゲージメントが高まってしまったという。特にヒットした記事は、「クリントン候補がIS（イスラミック・ステート）に武器を売った」とする記事と、「ローマ教皇がトランプ候補を支持した」と主張するものであった。このような偽のデータをもとに分析・評価が行われては、個々人の価値判断も大きく変わってしまうおそれがある。

注意点（デジタル技術によるディスインフォメーション）

また、AIを悪用し、政治家の動画に偽のセリフをしゃべらせる、いわゆる「ディープフェイク」も、強力な「ディスインフォメーション」だ。有名なものでも、バラク・オバマ元米大統領、アンゲラ・メルケル元独首相、ドナルド・トランプ元米大統領の「ディープフェイク」が広く流布した。最近では第1章で紹介したとおり、ロシアからの侵攻を受けたウクライナのゼレンスキー大統領が、自国民にロシアへの降伏を呼びかける偽動画が、

2022年3月頃に流布された。私もこの動画を見たが、実に稚拙で技術的には低級の代物である。ゼレンスキー氏の顔以外はほとんど動かず、顔の輪郭や声質など不自然さが際立つ。見慣れていればすぐに偽物と見破れるが、戦時下の非常時、心が動揺している中で閲覧したら、本物と見紛うかもしれない。

日本でもこうした事例が散見される。2022年9月、静岡県を襲った台風15号が大きな洪水被害をもたらしたが、この時9月26日早朝、ドローンから撮影した映像としてツイッターに投稿された映像は、画像作成用AIを使って作られたフェイク動画だった。一見すれば建物の浸水や濁流など、そのとおりの被害状況と思われたが、不自然な点もあり偽動画ではないかといった声も上がっていた。その後、投稿者本人がフェイク動画であることを認めた。デジタル技術により「情報の真実性」が揺らぎ、「インフォメーション」が「ディスインフォメーション」になってしまう例だ。

サイバーセキュリティの世界では、インターネット上の複数者の間での電子データのやり取りが本物かどうかを認証する「電子証明書」という仕組みがあり、いくつかの私企業が「認証局」として電子データの真実性にお墨付きを与える機能がある。

テレビを始めとするマスメディアは、一般視聴者からの現場にいなければ撮影できない貴重な映像を利用してリアリティに富んだ報道をしている。しかし、それぞれのマスメディアではその真実性をしっかり検証した上で報道に使っていると聞く。マスメディアはソーシャルメディアに投稿されるこうした動画に対して、インターネットの電子認証局のように本物かどうかを、「お墨付き」を与える機能を持ってもよいかもしれない。すでに権威ある地位を確立しているマスメディアが認証局のようになれば、際限なく流布されるソーシャルメディア上の動画データの真実性を担保することができるようになるのではないだろうか。マスメディアが共同でこうした認証局を設立することも考えられる。

さて、こうした「ディープフェイク」は技術的には先進的ではあるが、今や決して限られた者のみが作ることができる高度なものではなくなっている。誰でもダウンロードして入手できるソフトウェアを使って、市販の家庭用のパソコンでも作成可能となっており、悪意ある者が簡単に偽情報を流布することができるようになってしまった。「メディアリテラシー」という言葉が言われるが、動画に対するリテラシーも高めねば、思わぬ判断をしてしまう恐れがある。こうした「ディスインフォメーション」の技術は日々高まり、悪意ある者は次々にこうした最新技術を悪用する。「データ」や「インフォメーション」を受け取る我々も、細心の注意をもって接しなくてはならない。

社会活動の中のディスインフォメーション

悪意がなくても、「データ」が歪んで「ディスインフォメーション」になってしまうことがある。知らず知らずに「ディスインフォメーション」を作り出し、拡散してしまうかもしれないという点では、悪意がないだけに、こちらのほうが厄介かもしれない。

1971年1月、伊豆大島西岸沖で、深さ約15キロメートルを震源として発生したマグニチュード7.0の直下型地震が起きた。震度6相当の揺れが起き、20名以上の死者を出したという。この地震から4日後、地震予知連絡会が示した見解を元に、静岡県知事名で「今後マグニチュード6クラスの余震が起こり得る」と、静岡県災害対策本部から各市町村の消防本部に余震情報が伝えられた。その際、「今後数日以内に」という文言が「(予測が)外れたら困る」との理由で削除された。そして、その情報を聞いた人々の口から口へ伝わるうちに「マグニチュード6」が「震度6」となった。「マグニチュード6」も「震度6」も大地震には違いないが、「マグニチュード」は地震のエネルギーを測る単位であり、「震度」は揺れそのものの大きさを測るもので、別のものだ。そして「震度6」という誤った情報がいつしか「午後6時に大きな地震が来る」と間違った情報にすり替わって流れてしまったことにより静岡県下で一時、情報の混乱が起きた。一種のパニックに陥った一部の住民から、静岡県庁や地元報道機関に数百件の問い合わせが殺到したという。いわば「伝言ゲーム」の過程でデータが歪んで伝えられ、誤った「ディスインフォメーション」が、誤った「インテリジェンス」を生んでしまったのである。

私たちは日々多くの情報に接するが、重大な「インテリジェンス」、すなわち重大な行動や意思決定につながるような「データ」、「インフォメーション」に対しては、その出所や信頼性をしっかり確認する心構えを持ちたいものである。

さて、「データ」から「インフォメーション」は人間が情報を取捨選択し、分析や評価を行っていた。「インフォメーション」から「インテリジェンス」は、人間の価値観、倫理観、感情、信念などをもとに導き出されることをご理解いただいた。しかし、人間しかできないとの大前提は、

図7-3　伊豆大島近海地震で起こったディスインフォメーション

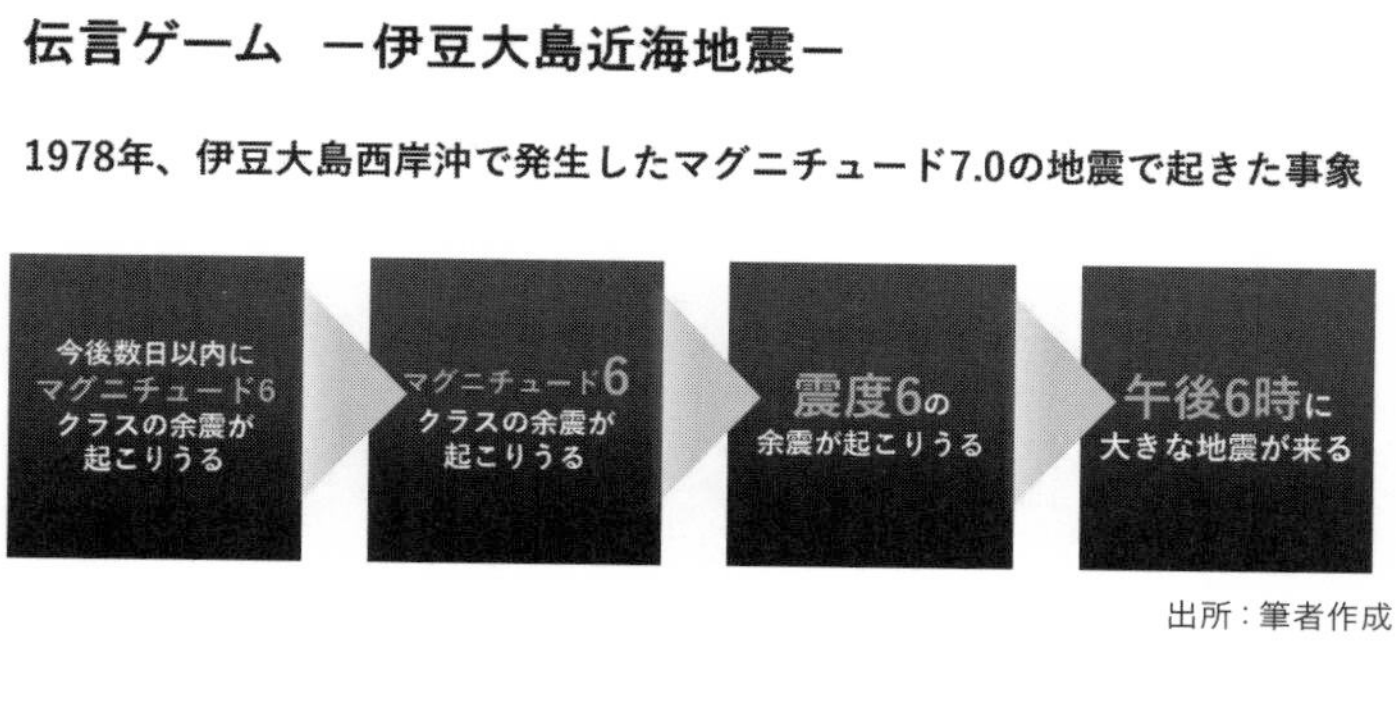

伝言ゲーム　ー伊豆大島近海地震ー
1978年、伊豆大島西岸沖で発生したマグニチュード7.0の地震で起きた事象
今後数日以内に
マグニチュード6
クラスの余震が
起こりうる
マグニチュード6
クラスの余震が
起こりうる
震度6の
余震が起こりうる
午後6時に
大きな地震が来る

出所：筆者作成

現在でも既に一部は、そして将来は疑いなく変わりつつある。機械やＩＴ・デジタル技術に取って代わられつつある。

これまで主に人間によって行われてきた「データ」から「インフォメーション」への昇華は、現代でも一部は人間が行っているが、ＩｏＴが自動的にデータを収集し、様々なアルゴリズムが取捨選択し、分析・評価しているケースがかなり多くなってきた。

そして何より注意すべきなのは、「インフォメーション」から「インテリジェンス」への昇華である。先に述べたように、これだけは人間の経験知・価値観・倫理観によってなされてきた。政治家が採択する政策、経営者が行う経営判断、身近なものだと明日の予定や今日の食事など、すべては個々の人間に内在するものによってなされる。仮に機械やＡＩが判断を促したりサジェストしても、それに従って実際に行動に移すかどうかはそれを使う人間次第だった。カーナビゲーションが「右折してください」とサジェストしてきても、運転手のこれまでの経験や、価値判断によっては、カーナビには従わず直進することもしばしばあることだ。しかし、社会システムの変化に応じて、将来はＡＩが最終判断を下すことが主流になるのではないだろうか。

自動運転車の「自動」の程度は、米国のモビリティ関連の非営利団体ＳＡＥ（Society of Automotive Engineers）が定めたレベルゼロからレベル5までの6段階が国際的な指標とされるケースが多い。実験段階では高度なレベルまで進んでいるケースもある。市販されたものとしては100台限定のリース販売のみではあるが、本田技研工業が2021年2月に開発・発売した車種「レジェンド」の自動運転機能が最先端を走っている。これは高速道路や自動車専用道路で、渋滞または混雑状況で前後に車がいる状態、さらに速度が時速30キロ未満（作動開始後は時速約50キロ以下）といった制限がついたものだが、間違いなくレベル3を実装した初の自動運転車だ。

しかし、将来はレベル4、レベル5のものが市販され大量生産される

図7-4　自動運転のレベル

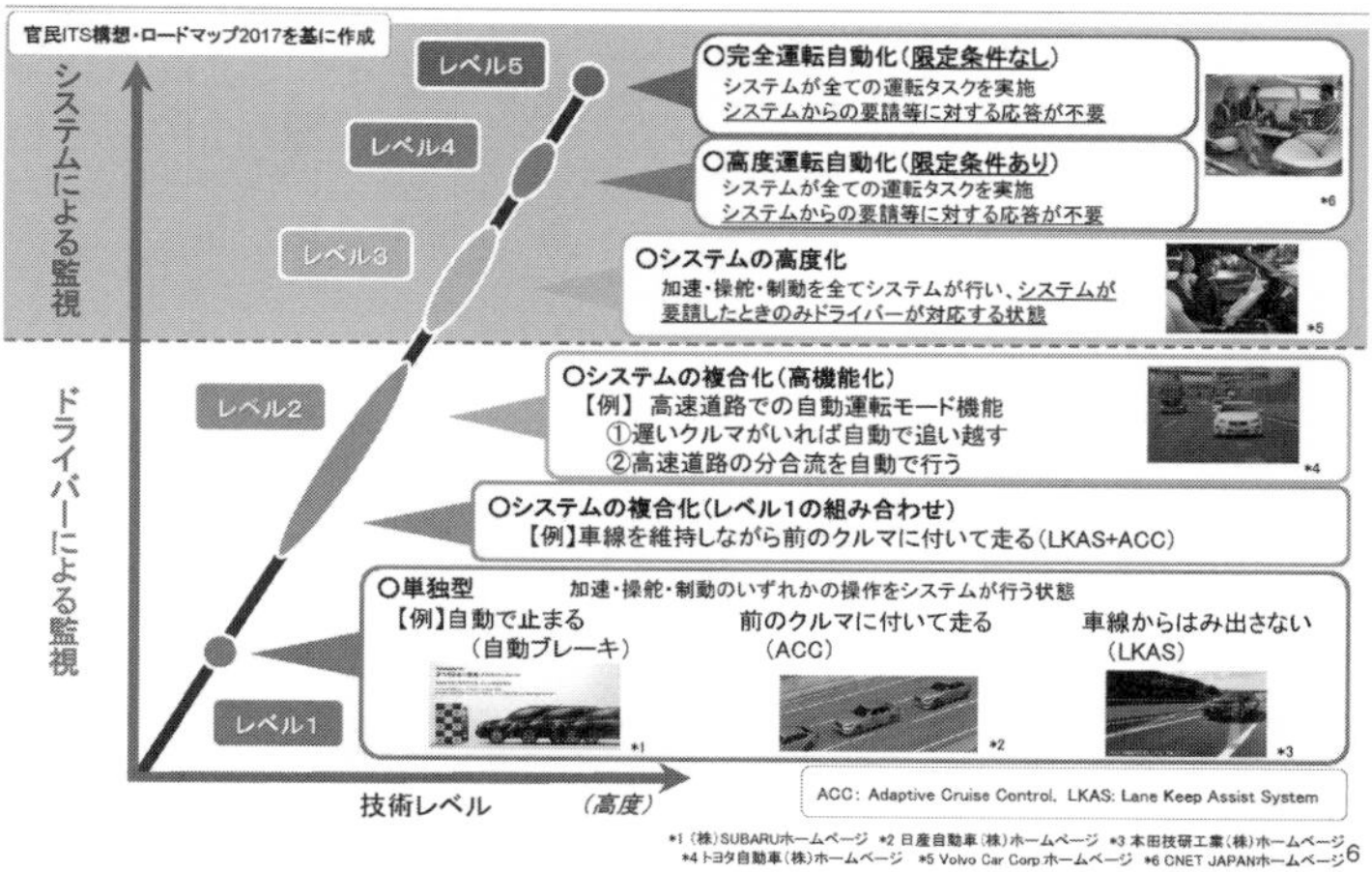

出所：「自動運転のレベルについて」（国土交通省）（https://www.mlit.go.jp/common/001188201.pdf）

時代が来ると考えられており、技術的には生身の運転手がまったく何も操作する必要がなくなってくる。「右折する」という判断をして実際に右折するのは機械・AIであるし、そこに人間の経験知・価値観・倫理観が介在する余地はなくなる。各々の自動車に搭載されたAI相互や、交通信号機や高速道路などの側壁などにもAIのガイドが装着され、これらAIの相互コミュニケーションによって、交通というものが人間の介在なしで自動的に動き出すのである。

ここでは自動運転車のみを一例として挙げたが、他の生活分野にも次々とAIの利用は浸透しており、技術的にはあらゆる面で人間の経験知・価値観・倫理観が必要なくなり、社会全体が自動的に、自律的に動き出す時代が到来することになる。

図7-5　「情報の3階層」の階層間のフィルター

	従来	現在・今後
データから インフォメーション	人間による情報収集	IoTが自動的にデータを収集し、様々なアルゴリズムが分析・評価
インフォメーションから インテリジェンス	人間の経験知・価値観・倫理観により判断	AIが自動的に判断

出所：筆者作成

第3節 最新技術の光と影

AIが社会を動かす、というと便利なようにも思うが、気を付けねばならないこともある。それは人間の経験知・価値観・倫理観なくして技術開発を進め、社会のコントロールを任せきりにしてしまうと究極的にどうなるのか、ということだ。歴史を顧みると重要かつ恐ろしい教訓が浮かび上がる。

アインシュタイン＝シラードの手紙

ここでは、現代物理学の流れを大きく変えた相対性理論で有名なアルベルト・アインシュタイン博士に登場いただく。言うまでもなく20世紀最大の科学者の一人であり、最高の頭脳の持ち主の一人と言ってもよいだろう。しかしそんなアインシュタイン氏が、大変な過ちを犯したと悔いたことがある。それは「アインシュタイン＝シラードの手紙」（資料7-3）というものだ。これは、同年代の物理学者レオ・シラード博士の依頼によりアインシュタイン氏が署名をして、1939年、時の米大統領フランクリン・D・ルーズヴェルト氏に宛てた手紙である。この手紙の執筆過程には諸説あり、アインシュタイン氏がどの程度主体的にこの手紙に関わったかは議論の余地がある。とはいえ、手紙の差出人がアインシュタイン名義になっており、同氏の署名があるのは事実である。

この手紙の内容をかいつまんでいうと、「ウランによる核分裂の連鎖反応が膨大なエネルギーを生み出すことが分かってきており、それが強力な新型爆弾としても活用できる可能性があるので、米国政府がこの技術開発を支援すべきである」と提言したものである。

この結果はどうなったか。直接的ではないものの、その後のマンハッタン計画に繋がり、そこで製造された原爆が広島・長崎に対して使用されたことは取り返しがつかない歴史の1ページとなっている。アイン

資料7-3　アインシュタイン=シラードの手紙

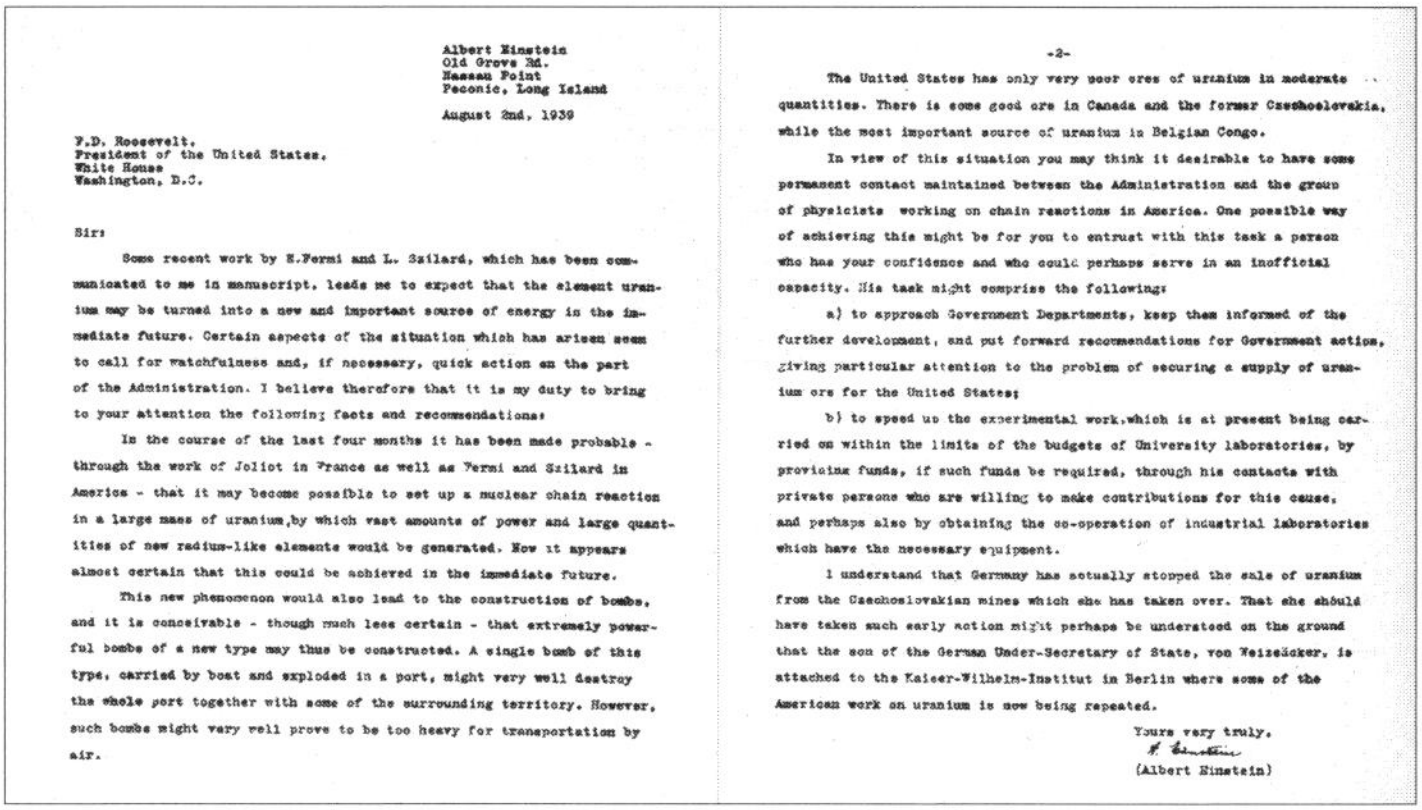

Albert Einstein
Old Grove Rd.
Nassau Point
Peconic, Long Island

August 2nd, 1939

F.D. Roosevelt,
President of the United States,
White House
Washington, D.C.

Sir:

Some recent work by E.Fermi and L. Szilard, which has been communicated to me in manuscript, leads me to expect that the element uranium may be turned into a new and important source of energy in the immediate future. Certain aspects of the situation which has arisen seem to call for watchfulness and, if necessary, quick action on the part of the Administration. I believe therefore that it is my duty to bring to your attention the following facts and recommendations:

In the course of the last four months it has been made probable - through the work of Joliot in France as well as Fermi and Szilard in America - that it may become possible to set up a nuclear chain reaction in a large mass of uranium,by which vast amounts of power and large quantities of new radium-like elements would be generated. Now it appears almost certain that this could be achieved in the immediate future.

This new phenomenon would also lead to the construction of bombs, and it is conceivable - though much less certain - that extremely powerful bombs of a new type may thus be constructed. A single bomb of this type, carried by boat and exploded in a port, might very well destroy the whole port together with some of the surrounding territory. However, such bombs might very well prove to be too heavy for transportation by air.

-2-

The United States has only very poor ores of uranium in moderate quantities. There is some good ore in Canada and the former Czechoslovakia, while the most important source of uranium is Belgian Congo.

In view of this situation you may think it desirable to have some permanent contact maintained between the Administration and the group of physicists working on chain reactions in America. One possible way of achieving this might be for you to entrust with this task a person who has your confidence and who could perhaps serve in an inofficial capacity. His task might comprise the following:

a) to approach Government Departments, keep them informed of the further development, and put forward recommendations for Government action, giving particular attention to the problem of securing a supply of uranium ore for the United States;

b) to speed up the experimental work,which is at present being carried on within the limits of the budgets of University laboratories, by providing funds, if such funds be required, through his contacts with private persons who are willing to make contributions for this cause, and perhaps also by obtaining the co-operation of industrial laboratories which have the necessary equipment.

I understand that Germany has actually stopped the sale of uranium from the Czechoslovakian mines which she has taken over. That she should have taken such early action might perhaps be understood on the ground that the son of the German Under-Secretary of State, von Weizsäcker, is attached to the Kaiser-Wilhelm-Institut in Berlin where some of the American work on uranium is now being repeated.

Yours very truly,
A. Einstein
(Albert Einstein)

シュタイン氏はこの手紙に署名したことを後年に大変後悔したそうである。自らが推進した技術開発によって人類史上最大の悲劇を招いてしまったからであろう。

ゲノム編集によるデザイナー・ベビー

最新技術というものは利便性と豊かさをもたらす一方で、このような悲劇をもたらすこともある。これは原子力開発に限った話ではない。遺伝子工学やゲノム編集という技術は、農作物や家畜の品種改良、筋ジストロフィーなどの人間の疾患の治療、さらには伝染病の根絶などに活用できる道が見え始めており、うまく活用できれば人類に果てしない幸福をもたらす。しかし、ゲノム編集は「打ち出の小槌」ではない。受精卵の段階で遺伝子操作を行うことによって、親が望む外見や体力・知力などを持たせた子ども、いわゆる「デザイナー・ベビー」の問題があり、議論を巻き起こしている。価値観や宗教などの倫理に基づいて忌避する人が大変多く、貧富の拡大といった社会的課題もある。また、人類の多様性が失われることにより感染症に対するレジリエンスの低下、生物進化の可能性を狭めるなど、生物学的問題もある。法的な対応はほとんど準備できていない状況だ。第2章で登場した、米国の未来学者、アルビン・トフラー氏は、あらゆる未来予想を的中させてきたが、生前たびたび口にしていた「近い将来、人間のクローンが造られる」との予測は、倫理的、法的問題もあってか、未だ実現されていない。

２０１８年11月、中国の南方科技大学（広東省深圳市）でゲノム編集によって父親が罹患していたエイズ・ウイルスに耐性のある双子の女児を出産させた疑惑が持ち上がり、後に中国当局の調査で事実であると認定されたことがあった。これは中国国内のみならず世界中から「世界初のデザイナー・ベビーである」と非難され、大変な物議を醸した。この批判を反映してか、中国当局は「デザイナー・ベビー」を造った研究者を自宅軟禁としたうえ、２０１９年12月には懲役3年の実刑判決と高額な罰金を科した。２０２２年になってその研究者が釈放されたとの報道もあるが、その研究者がいかに技術的に稀有な「成果」を上げたとしても、倫理観を置き去りにした技術開発に手を染めたとあっては、研究者としては失格と言わざるを得ない。

このように、不妊治療に対する生殖医療や、臓器移植などセンシティブな技術については、これまでもしっかりとした倫理的なチェックを経て進められており、社会的なコンセンサスと科学的な技術進歩によって進化してきている。これは何も医学的技術に特化したものではない。次に述べるデジタルの技術でも同様なことが起きている。

AIの光と影

ＡＩをはじめとした最新のデジタル技術も、「光と影」を兼ね備えていることを認識すべきだ。自動運転車ひとつとっても、仮にレベル5の完全自動運転車が人身事故を起こしたら、誰の責任なのだろうか。運転手はもはやいないので、乗っている（操作している）人か、自動車メーカーか、それとも自動運転のコアとなるＡＩのエンジンを開発したＩＴ企業なのか。専門家の間でも国際的なコンセンサスはなく、議論の途上である。実社会でもＡＩを活用したことで起こった倫理的問題は多々報道されている。

私は、総務省の「ＡＩネットワーク社会推進会議」や、内閣府の「人間中心のＡＩ社会原則検討会議」という、ＡＩの様々な問題について議論する政府会議の構成員でもある。そうした会議でもＡＩの「影」の部分を十分に認識しつつ、「光」の部分をうまくコントロールして人類の未来に活かしていけないか、技術者、法学者、経営者、政府関係者など産官学の有識者が前向きに意見交換を進めている。キーワードは「ＥＬＳＩ」（Ethical, Legal and Social Implications［Issues］）と略される、倫理的・法的・社会的課題の多面的な観点でＡＩを観察し、問題点と解決策を導き出すことだ。

何も、「デメリットがあるから技術開発をすべきでない」というわけではない。技術開発は人類発展の強力なドライバーの一つだ。止めるべきではないし、止めることもできない。まずは「光と影」の両面を認識することが第一歩であり、多様な分野の専門化、消費者や社会全体、国際社会と丁寧に対話をしながら、問題点を見出していくことだ。ＡＩのＥＬＳＩについては、欧州が世界でもトップクラスの問題意識を持っており、「ハード・ロー」という大変厳しい法的縛りを打ち出している。日本は、ビッグテックを擁する国々とも結びつきが強いため、各国の懸け橋となりながら、この分野での一定のポジションを担っていくことが可能だと感じている。

AIポリシー、ELSI

民間企業もこうしたＡＩへのＥＬＳＩに対して知見を高めつつある。図7-7に示すように、米国のビッグテックを中心に、ＡＩの研究開発、商用サービス提供に対する自社の指針を対外的に示した事例が増えてきた。日本においても、ＮＴＴデータは２０１９年５月、「ＡＩ指針」を公表した。日本の企業としてはかなり早い段階で公表したものである。実は私が社長時代から海外、特に米国のＩＴ企業のＡＩ開発者と意見交換し、ＡＩの倫理的なガイドラインの必要性を共有しており、ＮＴＴデータの技術開発部門に指示していたものだ。当時は国内に参照すべき他社事例が少なく、産官学の議論も今ほどは深まっていなかった時代のことだ。ＮＴＴデータの「ＡＩ指針」はＡＩ開発におけるいわば憲法のようなもので、個別のシステム開発現場に適用可能な開発標準の策定にも着手している。その他、多くの日本のＩＴ企業のみならず、メーカーなどの一般企業にもＡＩ指針を制定する動きが出ている。

一昔前、個人情報利用ポリシーを対外的に公表する企業が現れ、現在ではそれは当たり前になり、一部は法制度化されている。現在ではサステナビリティやＳＤＧｓに関するポリシーを制定、公表する企業が増えてきた。これと同様に、ＡＩを活用するすべての企業においてＡＩポリシーを対外公表することが、将来当たり前になっていくであろうし、そうでなくては最新技術の「影」の面に人類が飲み込まれる恐れがある。

繰り返しになるが、「影」があるからといって技術開発を止めるべきではない。「光」を追い求めることによって、人類に豊かさと幸福をもたらすことができるからだ。大切なことは、「光」を追求しつつ、光あるところに常に「影」があることを十分に認識することだ。そして、「第６期科学技術・イノベーション基本計画」が説くように、「総合知」を活かし、「影」をコントロールしていくことである。

図7-6　日本と世界のAI倫理に関する動向

日本（内閣府）	2019年3月 2021年6月	「人間中心音AI社会原則」 「AI戦略2021」
日本（総務省）	2017年7月 2019年8月	「AI開発ガイドライン」 「AI利活用ガイドライン」
欧州	2020年7月 2020年10月 2021年4月	「信頼できるAIの評価リスト」 「AI、ロボットおよび関連技術の倫理的側面の枠組み」 「AIに関する調和の取れたルールを定める規則」の提案
国際機関など	2019年5月 2020年6月 2021年4月	OECD「AIに関する原則」 GPAI創設 UNESCO「AI倫理勧告案」

出所：筆者作成

図7-7　欧米のIT企業のAI倫理の取り組み

Microsoft	2018年4月 2022年7月	「AIの基本原則」 「責任あるAIの原則」
Google	2018年6月	「Google AI原則」
IBM	2018年9月	「AI倫理のためのガイド」
SAP	2018年10月	「AIガイドライン」改訂

出所：筆者作成

図7-8　日本企業のAI倫理ポリシーやガイドラインの例

2018年9月	ソニー（現：ソニーグループ）	「ソニーグループAI倫理ガイドライン」
2019年3月	富士通	「富士通グループAIコミットメント」
2019年4月	日本電気	「NECグループAIと人権に関するポリシー」
2019年5月	NTTデータ	「NTTデータグループAI指針」
2019年5月	沖電気工業	「OKIグループAI原則」
2019年10月	三菱総合研究所	「三菱総合研究所AI事業推進の指針」
2019年10月	野村総合研究所	「NRIグループAI倫理ガイドライン」
2020年2月	日本ユニシス（現：ビプロジー）	「日本ユニシスグループのAI倫理指針」
2020年12月	富士フイルムホールディングス	「富士フイルムグループAI基本方針」
2021年2月	日立製作所	「AI倫理原則」
2021年7月	リコー	「リコーグループAI活用基本方針」
2021年8月	KDDI	「KDDIグループAI開発・利活用原則」
2021年12月	三菱電機	「三菱電機グループAI倫理ポリシー」
2022年4月	コニカミノルタ	「コニカミノルタグループAIの利活用に関する基本方針」
2022年5月	JVCケンウッド	「JVCケンウッドグループAI倫理方針」
2022年7月	建設技術研究所	「CTIグループAI倫理指針」
2022年7月	Zホールディングス	「ZホールディングスグループAI倫理基本方針」
2022年7月	ソフトバンク	「ソフトバンクAI倫理ポリシー」
2022年8月	パナソニックホールディングス	「パナソニックグループのAI倫理原則」
2022年8月	東芝	「東芝グループAIガバナンスステートメント」
2022年10月	セコム	「セコムAI倫理憲章」

出所：筆者作成

資料7-4

NTTデータグループAI指針

1. 持続可能な幸福社会の実現

NTTデータは、社会の持続可能性と人間社会の幸福を重要視します。AIによる社会課題の解決を推進するとともに、多様性を認め、基本的人権に配慮し、AI適用を行います。人間とAIを敵対させるのではなく、人間の生活を支え、行動範囲を拡張する技術としてAIを活用します。

2. 共創による新しいAI価値の創出

NTTデータは、AIの研究、開発、運用、利活用等に関わる開発者、提供者、利用者、受益者等のステークホルダーと対話･共創を行い、お客さまとのロングターム･リレーションシップを築くことでAIの可能性を引き出し、イノベーションを促進させます。

3. 公正で信頼できる説明可能なAI

NTTデータは、公正で信頼感のあるAIの実現に向けて、不当な差別を起こさないように配慮し、AIの判断根拠を人間が理解できる形で提示することに努めます。AIの利用に対する懸念をできる限り最小化し、適正なAIサービスが継続的に提供されるように努力します。

4. 安心安全なデータの流通

NTTデータは、AIサービスを提供する際にプライバシーとセキュリティーに配慮します。個人情報を適切に取得、利用、提供できる仕組み作り、データ･トレーサビリティーの確保、不正アクセスの防止に努めることでデータの悪用を防ぎ、お客さまやユーザーに安心安全を届けます。

5. AIを健全に普及させる活動の推進

NTTデータは、社会へのAI浸透を加速させるため、AIに対する社会の理解を高める活動を推進します。ユーザーのAIリテラシー向上やユニバーサルデザインに配慮したサービス設計により、健全で調和の取れたAIの普及に貢献し、社会の発展に寄与します。

第8章

企業経営とは

第1節 諸外国の人事システム

変わりつつある「会社と従業員の関係」

ここまでIT・デジタル技術の飛躍的な進化を述べてきた。こうしたテクノロジーの負の側面には十分に配慮することが必要ではあるが、これらを巧みに使うことで人間社会は大きな発展を遂げてきた。ここからは、人間社会における個人や会社の在り方、その関係の変化についてみてみよう。

第1章でも述べたが、COVID-19や2019年の米国のビジネス・ラウンドテーブル声明によって、日本においても会社と社員との関係に大きな変化が生まれ始めている。日本では戦後の復興期において所得倍増計画に合わせて会社の成長と社員の所得増加や待遇の向上が一体化し、良い会社に入社して昇進しそれなりの地位に就くことが成功の証とされてきた。会社も社員の教育や待遇改善を図り、社員の成長は会社が発展するためには無くてはならない存在としてきた。一方、米国をはじめとする欧米諸国では必ずしもそうではない。各国が成り立ってきた歴史的な経緯もあるだろうし、国民のバックグラウンドも様々であり、会社と社員の関係性は日本のそれとはかなり異なっている。日本の今後の労働問題を考える上で解き明かすべき課題でもある。

2000年頃、各国の人事システムを調査すべく出張したことがある。その頃まだNTTデータはグローバル化しておらず、日本的人事制度を取っていた。しかし、近い将来、戦略的にグローバル展開する可能性も強まっており、諸外国での人事制度を調査する必要があった。

米国の人事システム

最初にサンフランシスコでHR（Human Resources）関連のコンサルティング会社を訪問した。対応してくれたのは50歳過ぎの老練なコンサルタントであった。日本と米国の労働市場について意見交換した。米国ではいわゆるジョブ型雇用が当たり前で、人々の就職先を斡旋する人事関連の会社がたくさん活躍している。様々な仕事が細かく分類されており、それぞれの平均給与、最高、最低の給与水準もしっかり調査されている。労働者はそれらも参考にしながら自分の就職先を考えている。例えば、秘書についてはその仕事の概要が規定され、大企業、中小企業ごとの給与水準などが分かる。これは経営者についても当てはまり、企業の大きさや業種ごとのCEOの報酬水準が分かる。

対応してくれた彼の主張は、「それぞれの労働者が今の仕事より良い待遇を求めて新たな自分の働く場所を求めて求職することは理にかなっている。そのことによって自分のスキルを磨き専門性を高める努力も継続できる。会社も固定的に人を雇用するのではなく、必要な時に必要なスキルを有する人材を労働市場から自由に調達でき、給与水準などはまさに市場論理に従って決定される。企業の存在価値がなくなってくれば、従業員は他に職を求めて転職するのでいわゆるゾンビ企業は淘汰され、労働力は必要とされる企業または産業に移管される」という。

それは確かにそうだが、当時の私の主張は、「会社と社員の関係はそれだけではなく、いわゆる愛社精神や会社の成長と自分の成長が一体化してチームワークも良くなるのではないか。社員の連帯感と会社への誇りがより生産性を増し、新しいイノベーションも生まれるのではないか。さらにある一定期間禁止条項があっても競合他社に移籍することによって起こり得る知的財産の問題もなくなる。だから、日本型雇用制度は年功序列的な問題点もあるものの良い点も多いのではないか」ということであった。

こうした疑問を呈すると初めは強く否定していたが、オフィスを後にする頃にふとこんな話をした。「自分の父親はカリフォルニアで、ある生命保険会社の営業マンをしていた。自分の会社に大きな誇りを感じていたし、30年以上勤めてハッピーリタイアメントした。昔は学校でも愛社精神の重要性を説いていたこともあった」と。

サンフランシスコの次にニューヨークで同じようなHR会社の30歳代と思われるインド系のコンサルタントと話をしたが、自分たちの人事システムの正当性を強く主張するのみで、こちらの意図をまったく分かろうともせず日本的な会社と社員の関係性を否定し続けていた。

英国の人事システム

その後、大西洋を渡って英国のBT（旧・ブリティッシュ・テレコム社）を訪問した。NTTと同業の会社ということで丁寧に対応いただいたが、ここでも新たな驚きがあった。BTはグローバルな通信会社であるが、英国国内の通信を管轄する部門と、海外通信を担当する部門に分かれていた。初めに対応してくれたのは国内部門を所管する方で、いわゆる英国紳士2人だった。礼儀正しく落ち着いた話し方だった。印象に残っていることは、メンター・メンティ制度のことであり、大変参考になった。会社に入った新入社員は自分のメンターを持ち、会社生活のみならず、個人的な問題についてもいわば親代わりになって親身にアドバイスを受けることができるという。いかにも英国の会社らしく社員への配慮もしっかりしていると感心した。

しかし、その後、対応してくれたグローバル部門のチームは、数人の若いメンバーだった。責任者はそれでも40歳代後半と思われる米国人の女性であったが、それ以外はアジア系、アフリカ系、ヨーロッパ系と思われる若手であった。テレコム会社なので、かつての大英帝国の植民地から独立した各国をグローバルネットワークの拠点として活用していた。他のテレコム企業に対抗する上では、拠点を多く有することはアドバンテージである。どのようにそれら各国と連携しているかと尋ねたところ、「大英帝国時代から各々の国家の通信関係者とは知己であり、BTも出資して現地の通信行政官庁やテレコム企業とのアライアンスを構築している」とのことであった。その国の主要な通信会社の主導権は当然その国がメジャー出資することで担保され、BTはマイナー出資ということはよく理解できる戦略である。しかし、数多くある合弁会社が各国の事情もあり、必ずしもBTの戦略と合うとは限らない。「その場合どうするのか」と尋ねると、「それぞれのテレコムカンパニーと戦略についてよく話し合う」という。「それでもダメな場合は」とさらに追求すると、「資本戦略でしっかり対応する」という。つまり資本政策で経営者の交代や、他のテレコム会社とのアライアンスに切り替えるなど、力の政策を取るということだ。やはりかっての大英帝国時代の強圧的な戦略意識もあるのかなと感じたものだ。

ただここで注目するのは、海外部隊は先ほどの国内向けの部門と違って、構成メンバーも様々であるし、平均勤続年数も短いことだ。どちらが良いか、悪いかではなく、ミッションに合わせて構成メンバーもマネジメントの方法論も異なっているのだ。

米国、英国の例は20年以上前の経験であるが、今後の日本の人事システムを考える上で参考になることは多い。既に述べてきたように大きなパラダイムシフトが起きている現在、日本も新たな人事システムを求めて変革をしていかざるを得ないからだ。

第2節　IT人材不足

「日本のIT人材はIT企業に偏重して就業」？

第3章でも述べたとおり、DXの推進は待ったなしであるが、それに伴ってDXを推進するＩＴ人材の不足が問題視されている。初等教育を含めた学校教育の見直しも叫ばれ、既に小学校からのプログラミング教育も始まっている。ＧＩＧＡ（Global and Innovation Gateway for ALL）スクール構想がそれであるが、ＩＴを教える教師の再教育や、Wi-Fiなど学校のプラットフォームの問題なども指摘されている。２０２０年からの新型コロナ禍で学校教育もオンライン化がかなり進んだ。小学校での家庭も含めたケイパビリティの差も指摘され、大学のオンライン教育では、やはり対面で築かれる教師と学生のコミュニケーションや学生どうしの繋がりなど、オンラインでは実現できない機能も再認識された。さらに、学生は録画された講義を１.５倍速や２.０倍速などで聴くなど、良い面、悪い面、両面での変化も起きている。

図8-1
IT企業とそれ以外の企業に所属する情報処理・通信に携わる人材の割合
（日本、アメリカ、イギリス、ドイツ、フランス：2015年、カナダ：2014年）

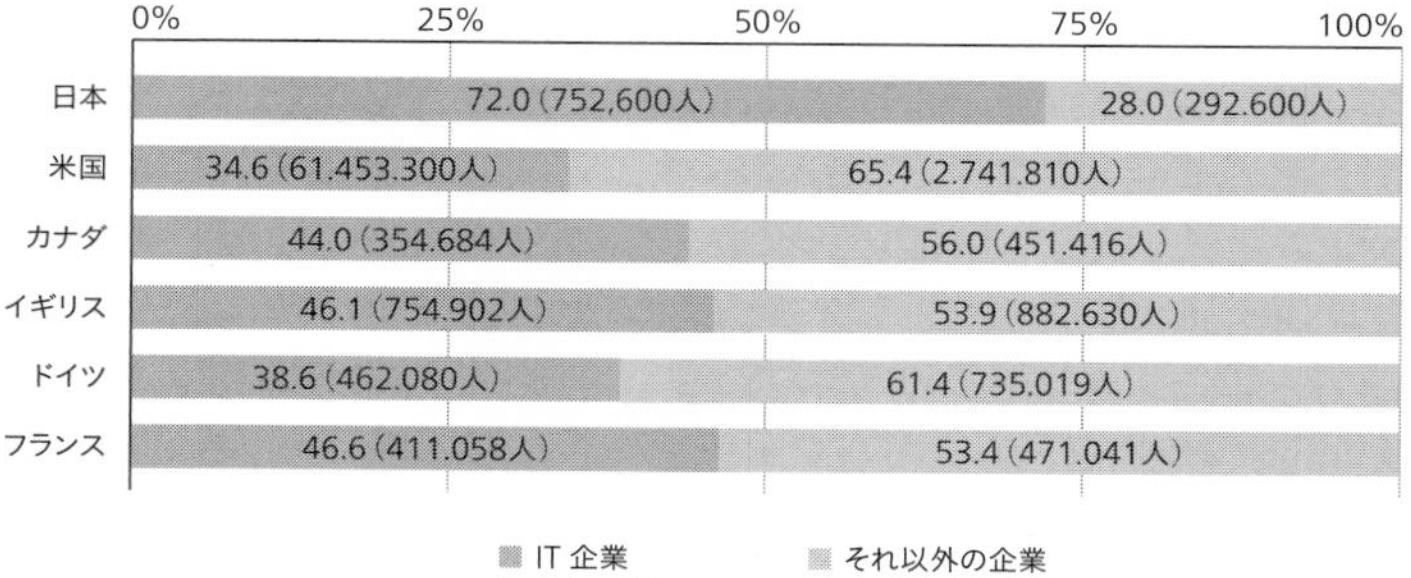

出所：IPA「IT人材白書2017」75ページ（copyright 2017 IPA）

ビジネスの世界でも大きな変化が起きている。指摘される一つの事象が図8−1に示すとおり、日本ではＩＴ人材の7割ぐらいがＩＴ企業に在籍し、ユーザー企業は残りの3割ぐらいだ。一方、米国ではその反対で7割がユーザー企業に、3割がＩＴ企業に在籍しているという。これは統計的には正しいが、数字に隠された実態を正しく見ていく必要がある。

つまり米国では労働市場が流動化しているので、企業はＩＴプロジェクトで人材が必要になると、労働マーケットから人材を獲得してくる。ＨＲ会社も活発に活躍しているし、ある意味日本よりヒューマンネットワークが重要視されているので、ＩＴ人材も自分の人脈を通じてよりやりがいがあって、待遇も良いジョブを求めて容易に転職（転社）する。したがって、米国では労働市場が発達して流動性が高いので、ある時点を取って調査すると、ＩＴ人材がユーザー企業にいる割合は高い。しかし、必要な期間を過ぎるとまた、労働市場に戻っていき、次の職場に移動することになる。人材の有効活用という意味ではこの方が合理的であり、日本も取り入れていくべきではあるが、労働市場が流動化しておらず、社会保障の問題も含めて日本的な社会、日本的な文化の中では困難なことも多い。

変化が求められる従来型雇用システム

松下幸之助翁ではないが、これまでの日本のキャリアプランは、一つの会社の中だけでのシナリオであったが、これからは自分の自己実現（自分がやりたいこと、やるべきことの実現）に向けて勤める会社は必要に応じて変えていくことになる。しかし注意しなくてはならないことも多い。それだけ個人中心の職業意識になると、会社は求められるパーパス（存在意義）に合わせて、必要な社員を集める組織となる。会社がある目的地に向かうビークル（乗り物）とすれば、必要な乗組員が社員ということになる。ビークルを動かすのに必要な様々な機能、動力の制御や舵取り、周囲の監視、指揮官などそれに必要な能力を有した乗組員を雇うことになる。まさにジョブ型雇用である。したがって、指揮官である経営者も市場から採用することが可能になる。会社がパーパスを達成できなかったりパーパスが社会の課題解決にならなければ、会社自体が淘汰されたり、M＆Aなどにより変わっていくことになる。

従来の日本型雇用は日本古来の伝統がしっかり根付いているが、これまで述べてきたように、これだけ大きく社会構造の変化が起こり始めている今、会社と社員の在り方も見直す時に来ている。その原点はやはり個人の価値創造である。第9章で詳しく述べるが、この世に生を受けて生まれてきた以上、悔いのない人生、生きてきた証をつかむ人生を送るべきであるし、そのためには個人の価値観、生きざまが大切である。少し前の世界では、まず生活することにのみ全精力を注がざるを得なかったが、これからは、自分の生きざまをどう考えるかである。

これまでの人の一生を考えると、6歳から学校生活が始まる。小学校6年間、中学校、高校がそれぞれ3年間、そして今は多くの学生が大学生活を送るのでさらに4年間あるいは修士課程まで行けば6年間、20歳代中頃で社会に出る。それまでは、まさにモラトリアムな生活である。社会人生活もいわゆる良い会社に入り、そこでの生活を全うして65歳頃に退職する。人生100年といわれる現在、その後は趣味やボランティアなどで過ごすことになる。

しかし、こうした人生の一生はもはや大きく変えていかざるを得ない。そこで大切なことは自分が何をしたいのか、何をすべきかであるがこれは次章にゆずる。学生生活を終えてから社会人としての生活を始めるわけだが、今では優秀な大学生の最もやりたいことは「起業すること」のようである。20年ほど前、米国で聞いた話と同じことになっている。日本もやっと、こうしたことができるようになってきたのかもしれない。

第3節　経営とは

「経営」の語源

経営という言葉を聞いて皆さんは何を思い浮かべるだろうか。「経営の神様」と称される松下幸之助翁やドラッカーの「マネジメント理論」を思い浮かべる方も多いかもしれない。経営という言葉を普段何気なく使っているが、その語源はどこにあるか考えたこともない方がほとんどだろう。

それは紀元前に遡ることになる。孔子の〝詩経・大雅・霊台〟の中に、「経之営之＝これを経しこれを営す」という言葉がある。これが歴史上最も古い、〝経営〟にあたる言葉であると考えられる。

紀元前8世紀の周代に、「文王が霊台を経始し、これを経しこれを営す。庶民これに従事し、日ならずして成る」という詩がある。文王という人は仁政によって多くの諸侯が従い天下の3分の2を治めたという名君であったらしい。この詩の意味は、「文王が民を治めるために霊台という祭壇を造ることとし地割をして建て始める。庶民がこれに従事し完成した。」ということである。

「経」という文字の意味は、「まっすぐに通った織物の縦糸」である。土木工事などするときには杭を打って杭と杭との間にまっすぐに縄を張る。これが経であり、経線は北極から南極までまっすぐに縦に引いた線である。

「営」とは、区画を区切るために杭を四隅に打って、これらを縄でぐるりと回らすことをいう。陣営とか兵営などのイメージである。

つまり「経之営之」とは、「杭を打って経線で結び、それを四角くして地割をする。その中で事を起こすと宣言して遂行すること」を指す。ここから経営という言葉が生まれたという。経も営も、事業を始める前に周到な準備をすることでありまさに経営とはこういう意味がある。

企業の存在価値は「社会貢献」

「民を治めるために霊台を造る」ということから生まれたように、企業経営はそのパーパスが重要である。何のためにその事業を起こそうとするのか、それが一番大切なのである。

世の中には色々な集団がある。もちろん株式会社が一番多いのだが、社団法人や財団法人、ＮＰＯ法人などもあり宗教法人もその集団の目的に合わせて活躍している。最近では第5章でご紹介したようにＤＡＯ（Decentralized Autonomous Organization）と呼ばれる組織も現れてきている。

さらには、いわゆる反社会的集団も組織的な集団であり、指揮命令系統で動いている。しかし我々はそうした反社会的集団の存在を決して認めることはできない。なぜならそのパーパスが決して受け入れられないからである。２０２２年に発生した安倍元総理の事件は大きな衝撃を与えたが、それがきっかけで宗教法人といえども社会的な正義に反する行動は決して許されないことが皆の共通認識となった。

つまり、企業活動は必ず社会のためにならねばな

図8-2　企業の存在価値

企業の活動
ESG
経営
社会の発展
利益
“企業の活動が社会の発展に貢献する
その対価として利益が生まれる”

出所：筆者作成

らず、企業は社会から評価され、その対価としての収益が与えられる。基本的なメカニズムはこうでなくてはならない。

最近、ESG経営が求められている。ESGという考え方が重要視されてきた理由は、世界規模の環境問題や社会問題を解決し、「持続可能な社会の成長」を目指すためだ。企業もまた持続的に成長するためESG経営の重要性が叫ばれているが、それは正しい企業活動は社会の発展に貢献すると考えられているからだ。

私は1976年に電電公社に入社し2か月ほどの新入社員研修を受けた後、大阪に転勤になり社会人生活を始めた。大阪での勤務は1年半ほどであったが、ある講演会で大変感銘を受けたことがあった。それはダスキンの創業者・鈴木清一さんのお話をお聞きしたときであった。ダスキンは皆さんもご存じのとおり、家庭用の清掃用具をレンタルで販売する会社である。鈴木さんが50歳頃に米国を訪問してダストコントロールの技術を目にしたという。もともとはケントクという艶出し剤を販売していた会社であったが、この技術を基にダスキンという会社を興したという。

彼の経営理念は「祈りの経営哲学」であった。社会に価値のあるものを提供してその対価としてお金をいただく。鈴木さんは熱心な仏教徒だったようだが、それもあって従業員のことは「働きさん」、給料は「お下がり」、ボーナスは「ご供養」と呼んでいたという。

呼び方は別としても、社会への貢献によって対価を得る。これが彼の経営哲学であり、その当時は企業経営の本質が何であるかまったく分かっていなかったが、大変感銘を受けたことはよく記憶している。

企業経営とは「環境適応業」

管理者になったのは1983年、2回目の大阪勤務の時である。2年間の大阪勤務を終え1985年4月、東京に戻り日本銀行の決済システムを構築するために設立されたシステム子会社（NTTシステム技術）に出向した。日本銀行システム（日銀ネット）構築の詳細は前著『自分のために働く』に詳しく記述しているので、それを参照して欲しい。

大阪でも管理者研修を受けたが、私にとってはNTTシステム技術で受けた管理者研修は大きな意味があった。毎月1回、勤務が終わった夕方6時頃から2時間ほどの研修を1年ほど受けた。毎回テーマが変わり講師もそれによってアサインされていたが、36協定など労働法務、企業会計、マネジメント理論、リーダーシップ論などがあった。毎回10問程度の予習問題もあって理解が深まった。さらに全て講義が終わった後には修了試験があり、修了証書もいただいた。その後の会社経営に大変参考になった。

その研修を通じて悟ったことは、経営とは「環境適応業」ということだった。ＶＵＣＡという言葉はまだなかったが、政治、国際情勢、市場、技術、イノベーションなど世の中の様々な変化により社会の価値観や仕組みが大きく変わることは避けられない。それが人類社会の進化かもしれないが会社経営とは、こうした変化に柔軟に対応してその生業も必要に応じて変化させていくことが求められるということだ。会社の存在価値が時代の変化によって社会から受け入れられなくなったら、企業の存在価値そのものを社会の期待するものへと変化させていく必要があるということだ。

先ほど、「経営」という言葉の由来を述べたが、その例でいえば、何かを始めるときに杭を打って枠を囲みその中で事を起こすが、周りの状況が変われば枠の中で行うことを変える必要もあり、場合によっては枠自体を他に移すことも厭わないということだ。

マネジメントの本質

管理を英訳すると「マネジメント」とするのが一般的である。したがって、管理者はマネージャーである。マネジメントとは何であろうか。先ほど紹介した研修に管理者とは何か、というテーマがあり今でもよく記憶している。「管理者とは自分のミッションのどのような手段を講じても、もちろん、コンプライアンスや、人道上、倫理上の逸脱は決して許されないが、それさえなければ、あらゆる手段を考えてやるべきことを完遂する人」であった。「自分の為すべきこととは何か」が最も大切なことではあるが、それは第9章で詳しく述べるとして、自分の部下やともに働いてくれるすべてのメンバーに、為すべきことを明確に示し、なんとしても達成するよう働きかける。これには図8-3に示すとおり、強く指示して達成することと、動機づけを行い皆の共感を得て達成することの両方が必要である。

私もいくつかの管理者研修を受けたが、逆に新任課長研修や、部長研修で話をする立場になったことも多い。この時にマネジメントの話をすると面白いことが分かった。つまり、マネ

図8-3　マネジメントの本質

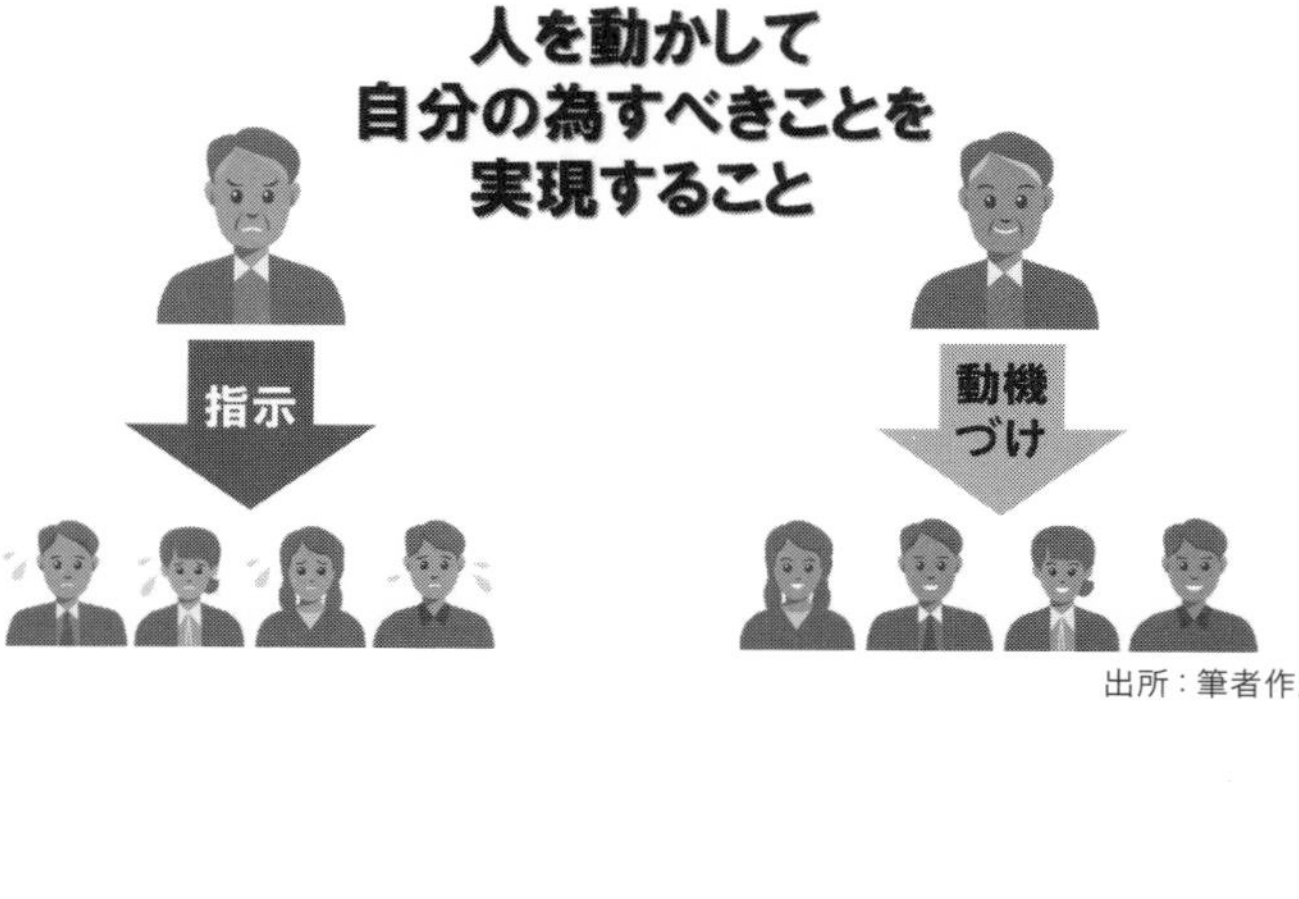

人を動かして
自分の為すべきことを
実現すること
指示
動機
づけ

出所：筆者作成

ジメントの本質は「指示」と「動機づけ」であるが、これはいわゆる「北風と太陽」の話に置き換えられる。研修の受講者に自分のマネジメントスタイルを尋ねると、ほとんど全員が自分は「動機づけ」を重視したマネジメントをしていると話す。北風のように強い指示型マネジメントは好ましくないと考えているようだ。

しかし、現場では指示型のリーダーが大変重要である。特に危機的な状況では最重要だ。例えばシステム障害の時、一刻を争う判断もあるし正常復帰に向け障害事象を正しく見極めどんなリカバリ策を取るか、リーダーの的確な指示がどれほど貴重であるかは言うまでもない。そこまでいかなくても、的確な指示はマネジメント上必須なアクションである。しかし、現在、パワーハラスメントが大きな社会問題となっており、強い指示をためらう風潮は気になるところでもある。もちろん、パワーハラスメントは絶対に認めることはできないし、それを起こさないための教育や通報制度の充実は求められる。しかし、組織の方向性を決める判断・指示は必須な機能だ。

社長は企業の最高執行責任者であり、その一番の責務は自ら判断して組織の向かうべき方向を的確に示すことである。右か左か、どちらに進むかを判断して指示することである。

一方、動機づけはもちろん大切であるし、太陽のごとく皆の意見をよく聞き、それぞれの役割を自覚させ、やる気を助長することは言うまでもなく大切だ。しかし、ここでも注意を要することがある。動機づけと仲良しクラブとは違うということだ。

最近の若い人たちはそうでもないようだが、昔は、仕事帰りによく上司と飲みに行ったものだ。ここで単なる愚痴や不満を吐き出すだけでは何の意味もないが、こうした触れ合いの中で上司や先輩の話を聞いたり、自分の意見を臆することなく話すことにより自分の足りないこと、自分のすべきことを自覚し、やろうという盛り上がった気持ちになることは大変意味深いことである。

20年ほど前に放映され今でもたびたび再放送されるＮＨＫの「プロジェクトＸ」という番組があった。最初は国井雅比古、久保純子両アナウンサーが司会をし、中島みゆきが歌ったテーマ曲「地上の星」は大ヒットした。田口トモロ

図8-4　マネジメントスタイル

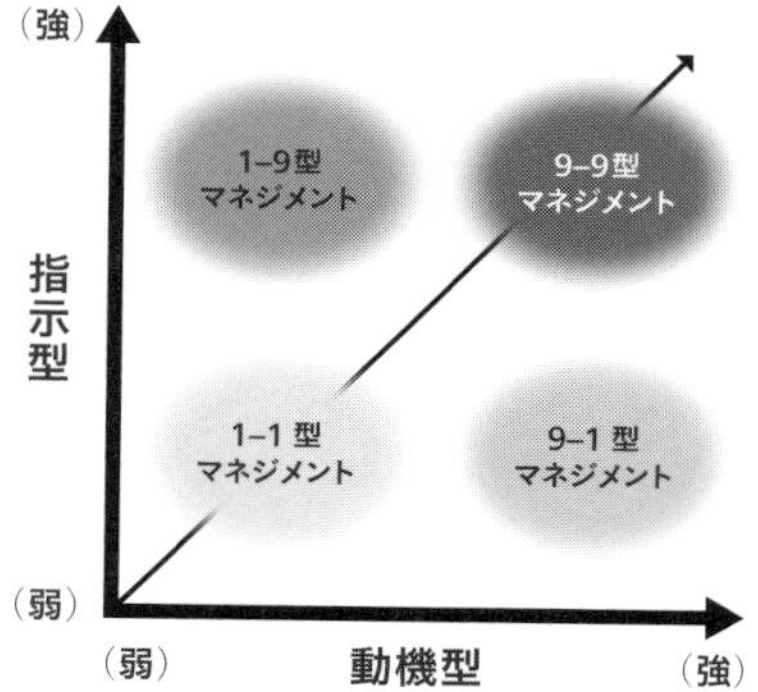

出所：筆者作成

ヲのナレーションも懐かしい。この番組を担当した今井彰プロデューサーの話によると、この番組が高い評価を受けた理由は、「名もなき主役たちが、関係する皆に感動を与えたからだ」と。これが動機づけの本質だと思う。

マネジメントスタイルは人によって得意・不得意はあるし、TPOによっても異なってくる。図8-4のように9-9型が望ましいが、自分のマネジメントスタイルを認識しておくことは意味がある。繰り返しになるが、きちんと指示できることは大変重要である。その判断に自信がなくては強く指示できない。自分の専門的スキルを高めると同時に、情報収集とその分析力を磨くことが必須だ。

逆に人間関係だけを円滑にしようとしているだけでは、本当の感動による動機づけはできない。人はなぜ動くのか、どうしたら自分の思いを伝えられるのか、コミュニケーション理論だけではなく、日頃の仕事を通じてこうしたインフルエンサーとしてのパワーを磨くことも大切である。

「人をどうやって動かすか」という根本的な命題に答えを出している3人の言葉を紹介しよう。皆さんもよくご存じだとは思うが。

1人目は米国人の作家であるデール・カーネギーだ。1937年に出版された『人を動かす』（原題：How to Win Friends and Influence People）はベストセラーで、今でも毎年4月頃には必ず書店に並べられる本だ。新入社員教育などによく使われている。この本はリーダーシップ理論を書いたものだが、その要旨は「相手の立場で考えて、相手の立場でものを言う」ということだ。私なりに言えば、「人は褒めて動かせ」だ。言い過ぎだと思うこともあるが本質をついている。子ども教育でもこのことは大変重要だ。褒めることによって人は嬉しくなり、その期待に応えてまた褒められようと努力するものだ。

2人目は皆さんもよくご存じの山本五十六の語録である。

「やってみせ、
言って聞かせて、させてみせ、
誉めてやらねば、人は動かじ」

3人目は経営の神様と称される松下幸之助翁の言葉である。

「すべて熱意が人を動かすんだという、この単純明快なこと、これですわ。」

企業の理念体系

ここまで企業経営の本質を見てきたが、この章の最後に企業を経営する上での理念体系についても触れておきたい。基本的には図8-5のとおりであるが、一番上位に来るのは企業のパーパス（存在価値）であり、企業理念といっても良い。これは企業が誕生したときに、そもそも何の目的で企業を誕生させたのかをしっかり確認するものである。これは根本的なことなので、度々変更するものではない。したがって、抽象的な表現にならざるを得ないが、皆がしっかりと確認しておくべきことである。

次に来るのがビジョンである。既に述べたように環境はめまぐるしく変化するので企業はそれに合わせて自在に変化していく必要がある。そのために、10年から20年程度先を見て、どんな企業になっていたいのかを明示することである。これが一番重要である。このビジョンに向けて製品開発、人材確保・育成、販売チャネル開拓など企業の総力を挙げて実現に挑むわけなので、ターゲットにするビジネスをしっかり確認し、例えば業界売上ナンバー1であるとか、顧客からの満足度がトップクラスであるとかビジョン到達時点での企業の姿を髣髴できるような目標設定を考えることである。その中では、当該業界の変遷や競合他社との関係、社会構造の変化などにも目を配るべきであるし、ビジョン達成までの時間軸を確認することも大切である。

次が中期の事業計画だ。ビジョンは達成までに少し時間経過が必要なので、3年先の具体的な事業計画を立てることが望ましい。変化の激しい世界観なので中期の事業計画を立てない、立てられないとする企業もあるが、必ずしもコンクリートな数字目標がなくても中期計画は立てた方が良いと思う。ビジョンからのブレークダウンのプロセスだからである。

最後が単年度の事業計画である。これは特に述べるまでもなく必要なビジネスプランであり、特に上場企業であれば投資家に向けた情報開示という意味合いでも必須である。

図8-5　企業理念の体系

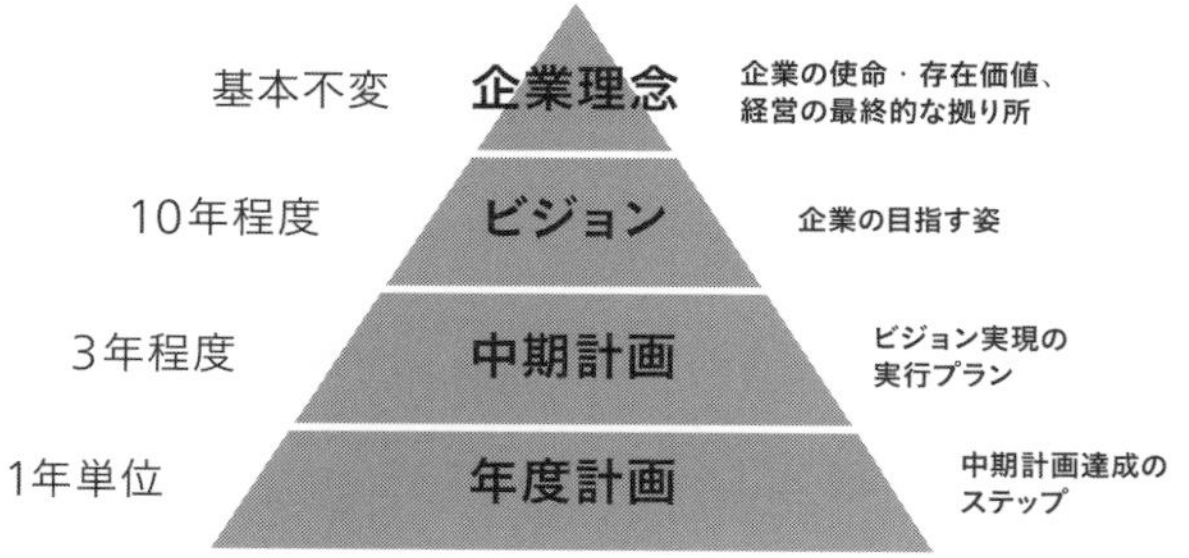

出所：筆者作成

第9章

人生をどう生きる

第1節 自分らしい人生を送るために

ここまで、パラダイムシフトが進む世界をテクノロジーの進化や会社経営の在り方の視点から見てきた。こうしたまさに「VUCA」の世界を生き抜くためには自分自身の生き方が問われてくる。「人生100年時代」と言われるようになってきたが、人の一生は宇宙や地球の歴史から見ればほんの瞬きの時間に過ぎない。しかし、せっかく生殖細胞どうしが数億分の一の確率を勝ち抜いてこの世に生を受けた以上、自分らしく納得のできる人生を送りたいと願うことは自然である。

人類の歴史の中で2000年以上の昔からソクラテス、孔子、デカルト、カント、ニーチェ、西田幾多郎など多くの哲学者や宗教家、政治家などがこうした課題に解を示してきた。その時々の時代感とも相まって参考にすべきことは多い。しかし、時代は変わり人間の価値観も大きく変化する中で、この課題と向き合う時、何をよりどころにすべきか迷うことは多い。その時に大切なことは自分自身が何を求めているのか、何をすべきかを真摯に考え、ひたむきにそれを求めて努力することだと思う。そのためには、今自分はどこにいるのか、自分の立脚点はどこにあるのかを自覚することが必要になる。まさに自己認識である。

これを解決するために、これまでの私自身の人生経験から、次の2つの方法論が有効だと説いてきた。それは「ズームインの視点」と「歴史的な視点」を意識することである。

第2節　ズームアウト・ズームインの視点

「ズームインの視点」とは、テレビの中継などにおいて事件やイベントなどを放映する際、ズームレンズを使って注目すべき被写体を大きく浮かび上がらせるがごとく、今の自分に焦点を当てて自分を浮かび上がらせる視点のことである。自分とは何かを分かるためには自分を対象として、しっかり見つめていく必要がある。そのためには、まずズームアウトすることが求められる。

どういうことか。まず、今の自分の周りを見つめる。自分が働いている会社、部門、そして自分の仕事……。そこから自分の視点を上げていく。今の会社は東京に本社があって、それは日本に位置している。日本はアジアにあり地球社会の一国である。地球は太陽系の惑星であり、太陽系は天の川銀河に所属し無数にある宇宙の一つの銀河……。これがズームアウトである。ここまでは一気に視点を上げる。

そして、ここからズームインに切り替えていく。最後は自分に焦点を当てるのだが宇宙にまで持ち上げた視点からの思考プロセスが大切である。

宇宙は膨大過ぎて考えが及ばないかもしれない。しかし138億年前にビッグバンで何も存在しないところから誕生し、今も大変なスピードで膨張しているなどと考えると胸がわくわくしてくる。そんな世界観からすれば自分自身など、本当にちっぽけな存在に思えてくる。

太陽系ぐらいまでに視点を下ろしてくると、色々なことが現実的に見えてくる。最近の話題では「はやぶさ2」がC型小惑星「Ryugu」（リュウグウ）からサンプルを回収し、太陽系が生まれた当時の水や有機物などの研究が進んでいる。また、再び月や火星への人類の飛行も現実味を帯びている。少し先の時代には地球外での人類の活動が想起される。

そこからさらに視点を下げて地球に目を向けると、第1章の図1-1で説明したように様々な人類の課題が明らかになってくる。地域独特の課題もあるし気候変動対応など人類共通の課題もある。地政学的、地経学的課題など政治的な課題はなかなか解決の方策が見い出せないものもある。これらの課題の中には、今の自分の仕事と密接に関係している人も多いはずだ。食料品やエネルギーの確保、サプライチェーンの課題等々である。

そしてさらに自分の所属している組織に目を向けると自分に密接な事柄が多くなる。自社や顧客の業界動向、自社の経営状況などである。そしてさらに進めて視点を下げてくると、自分の業務上の課題や処遇、上司・部下との人間関係など悩ましい事柄も出てくる。そして自分自身に目を向けると、健康問題や介護問題、家庭内の問題も出てくる。

これが「ズームインの視点」で今の自分の立ち位置を認識する方法である。つまり、一度、自分の視点を宇宙というとてつもない大きなところに移してから徐々に今の自分に視点を移してくることによって、自分を取り巻く様々な状況や解決すべき課題が客観的に見えてくる。

第3節　歴史的な視点

もう一つの方法は歴史的に時間を遡って見ていくことである。これをお読みになっている方は生を受けてから100年は経っていない方がほとんどであり、「歴史」と言われても実感がないかもしれないが、生まれた時に戻り、さらに可能な限り遡ってそこから逆に今の自分に焦点を当てていくことには意味がある。元来、歴史学者の役割は、過去の事実を客観的に知ると同時に、その時々の政治的、経済的、文化的な事柄が、どのようなメカニズムで発生したのかを科学的に解き明かすことである。そこから、これからの未来をどう生きていくかの教訓を得ることができる。

フランスのフランソワ・ミッテラン元大統領の顧問も務めたジャック・アタリという経済学者・思想家がいる。今も色々な発言をしており、日経新聞などでも時々コラムを掲載しているが、大変参考になることを述べている。

彼の著作の中で、過去900年、その時代に最も栄えている中心都市がどのように変化しているかという、興味深いことが記載されている。それによると、1200年頃にはベルギーの都市ブルージュが世界の中心地であった。それから、ヴェネチア、アントワープ、ジェノバ、アムステルダムと変遷し、ヨーロッパの最後の繁栄地はロンドンに移っている。そして、第二次世界大戦後、米国が世界の中心地となっていった。まさにパックス・ブリタニカからパックス・アメリカーナへの変化であり、中心地は大西洋を渡ってニューヨークと移ってきた。このように、世界の中心都市は東から西に移動しているが、それぞれの都市は、長くても150年という期間しか中心となり得ていないというのである。もっとも、これはピークの期間なので、前後を入れるとさらに長くはなる。

この仮説のとおり世界の中心都市が東から西へ今後も動いていくと、いずれ太平洋を渡り東アジアにたどり着く。それがいつ頃か、どこに行くのかは分からないが、人口の動態やGDPの成長予想などからすると今世紀の中頃には実現するかもしれない。その中心都市が東京なのか、北京なのか、それともデリーやジャカルタなどになるのか、それは分からない。しかし、ここまで述べてきたようにパラダイムシフトが進む中で、少し先の世界では十分に起こり得ることのように思える。

こうした歴史の流れの中で、今の自分の立ち位置を考えることは大変意味深いことである。日本国内が自分の主要なビジネス空間であっても、世界のこうした歴史的な動きは無関係とはいえない。ましてや海外との関係が深いビジネスの方は、それぞれの国の歴史的な営みはよく知っておく必要がある。

こうした地球規模での歴史を学ぶことは重要であるが、自分の立脚点を知るという意味では自分のルーツを知ることも大きな意味がある。NHKに「ファミリーヒストリー」という番組があることをご存じだろうか。有名人の歴史を数代前まで遡り自分のルーツを探るという番組であるが、本人も知らない先祖の活躍などが紹介される。これを自分に当てはめてみることは意味がある。昔から自分の家の歴史、家系図を大切にし、仏壇の過去帳など先祖のことを調べた方も多いのではと思う。それは単に過去に祖先がどんなことをしていたかを知りたいということだけではなく、先祖のルーツを知ることにより、今の自分はどうしてここにいるのかが分かり、さらにはこれからの人生をどう生きるかの示唆を得ることもできる。

自分の祖先の歴史だけでなく、次のいくつかの歴史を確認しておくことも大変意義深い。第一に自分の会社の歴史である。そんなことは知っていると思いがちだが、会社の創立が古い会社ほど案外その沿革は分かっていないものである。

例えば、NTTデータの場合、電信事業が開始されたのは1869年（明治2年）であるが、逓信省、電気通信省を経て1952年（昭和27年）、日本電信電話公社（電電公社）が誕生した。そして、NTTデータがコンピュータビジネスを始めたのは電電公社時代、

1967年（昭和42年）にデータ通信本部、通称デ本と呼ばれた組織ができてからである。当時、コンピュータ業界は通商産業省の所管であり、電電公社は郵政省が所管官庁であった。この電電公社のデータ通信本部に今でいう情報処理のビジネスを許可した背景には当時の先輩方の知恵が隠されている。

「データ通信」という言葉にそれが秘められている。データ通信の定義は端末からデータを投入し、通信回線を通して中央のコンピュータに伝送する。そこでデータ処理をして、その結果をまた通信回線を通して端末に送り返す。この一連の処理を「データ通信」と定義した。素晴らしいレトリックだ。データ処理ではなく「通信」であるから電気通信を生業とする電電公社が行うことがふさわしいという理屈だ。新しい技術で国家的プロジェクトを遂行するには大きなリスクが伴う。電電公社の技術力、資金力、人材力で金融の決済システムや国のインフラとなるシステムの構築を行わせることは国益にもかなっていた。

ただ、電電公社はポジティブリスト方式と呼ばれる許可された分野だけを行うことが許された。それは次の3つのみであり、それ以外はデータベースビジネスも含めて禁止された。

❶銀行間決済など企業間を結ぶネットワーク型システム（通信回線は電電公社の独占であった）
❷税や年金など中央官庁のシステムを含む公的なシステム

❸ 新技術（オンライン・リアルタイム）に関わるシステム

当時はバッチ処理がコンピュータ処理の主流だった。銀行の第一次オンラインシステムが始まったのもこの頃である。TSS（タイムシェアリングシステム）を包含したオンライン・リアルタイム処理が世界で主流になるという見込みもあったが、新技術であり技術的難易度もリスクも高かった。通産省、郵政省ともにこうした背景を理解していたものと思われる。狭い視野で所轄官庁間の縄張り争いをするのではなく、将来の日本の産業育成に視点を当てた通産省、郵政省、そして当時の電電公社の関係者の知恵とご努力には頭が下がる。

これは、私が電電公社に入社する前の話ではあるが、このように自社の沿革を知ることは「歴史的な視点」を持つ上で役に立つ。会社の設立当時の状況やその後の合併なども含めて現在に至る経緯を知っておくことは意義深い。また、会社の主要な製品やサービスが生まれた背景や成長させてきた経緯も大切だ。さらには、自分自身が関わった製品やサービスの歴史、自分が担当したお客様とのお付き合いの歴史も知っておくべきだ。突き詰めて問われると、案外分かっていないものだ。こうした歴史的な背景を知ることにより、今の自分の立ち位置を確認できるのだ。

第4節　自分が為すべきこととは

マズローの欲求5段階説は皆さん良くご存じのことと思う。図9-1に示すとおりだが下2段、すなわち「生理的欲求」および「安全欲求」は人間が生きていく上での基本的な条件なので自明である。しかし、現在ウクライナで起こっていることは、安全・安心が脅かされており、大変な状況であることは間違いない。特に2段階目の「安全欲求」については、21世紀に入っても、文化的な暮らしができていた国でこんな悲惨なことが起こるとは信じられないことである。現実の厳しさにはしっかり目を向けていく必要がある。

3段階目の「社会的欲求」からは人間関係が重みを帯びてくる。社会生活を送る上で他人との関わりが重要になるが、まずは家庭での関係が基本である。最近は家庭内での問題も多く見かけられる。子どもへの虐待行為や成長した子どもの家庭内暴力、ドメスティックバイオレンスと呼ばれる行為などである。さらに家庭から外に出るともっと複雑になる。パラハラやセクハラもそうだが、学校や会社での様々な人間関係が絡み合ってくる。しかし、家庭や社会のなかで周囲の人たちから受け入れられたいという思いは自然なものである。様々な理由でこれが満たされないから先に挙げた例のような話が社会問題化するのである。

4段階目の「承認欲求」に入るとより高度化する。3段階目の「社会的欲求」は言い換えれば「集団の一員でいたい」との思いであるが、「承認欲求」の段階では「集団の中で認められたい」、「褒められたい」という思いが強くなる。前章でマネジメントの話をしたが、これは、こうした自然な欲求を満たすように振舞うことで人を動かすことができるのだ。

5段階目の「自己実現欲求」が最も重要である。自分がすべきことが何か、自分のやるべきことを果たしたいと願う気持ちである。4段階目の「承認欲求」でも高いレベルになると自分で自分を認め、自分の行動に達成感を感じたり、自信を持つことがある。これをさらに深めると自分は何をすべきか、何を達成したいのか自問自答するようになる。しかし、答えはなかな

図9-1　マズローの欲求5段階説

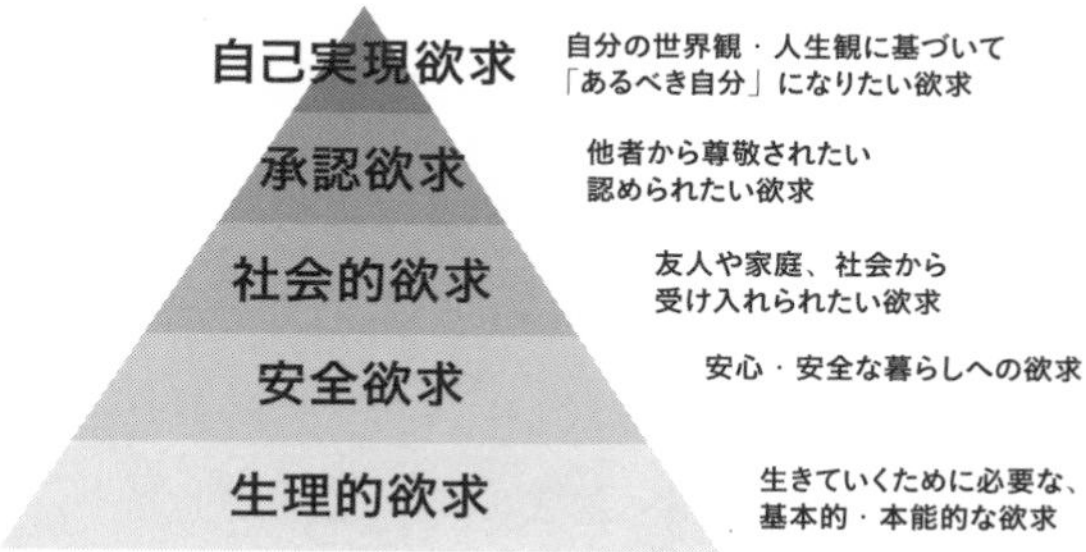
自己実現欲求
自分の世界観・人生観に基づいて「あるべき自分」になりたい欲求
承認欲求
他者から尊敬されたい認められたい欲求
社会的欲求
友人や家庭、社会から受け入れられたい欲求
安全欲求
安心・安全な暮らしへの欲求
生理的欲求
生きていくために必要な、基本的・本能的な欲求

出所：筆者作成

ことを自覚することがそのような何年も前の自分がどこに立っているのかを自覚すること

がその第一歩ではあるが、日頃の生活に追われてゆっくり考える時間もない。そもそも自分のすべきことは何だろうかと、改めて自分を見つめることをしないからだ。

そこで私は次のような思考回路を働かせることを薦めている。それは、今自分がしなくてはいけないこと、したいことを書き出すことである。もちろん、仕事に関することだけでなく、今日晩御飯に誰と何を食べるか、健康のために今日も一つ前の駅で降りて歩いて帰ることにするか、自己啓発のために英会話を学びたいのでインターネットで調べるか、次の日曜日に予定されている町内会の役員会に出席するか否かなど、身近なことでよい。地方に暮らす両親の健康問題が起こったので一度帰省して善後策を検討する、など家庭内のこともある。もちろん、新しいお客様を獲得するため、自社主催のウェビナーを受講した顧客リストをもとにアポイントを取るなど、仕事上の課題がたくさん上がってくることは当然である。それらは今日のちょっとしたこともあれば、仕事上の大きな判断を求められることもあるだろうが、事の軽重は関係なく、今、しなくてはならないこと、どちらにするか判断すべきことを思いつく限り書き出すのである。こうしたリストは新入社員でも20～30は挙げられるし、部長クラスになれば50ぐらいはすぐに書き出せる。社長になれば優に100は越えるだろう。こうした思考回路を常に働かせていると、いちいち紙に書き出さなくても、頭の中にすうーっと浮かんでくる。

こうした思考回路の磨き方によって常に自分は何をしたいのか、何をすべきかが自覚できてくる。

第5節　自分の哲学を持つ

「自分が何をすべきか」は、なかなか自分では分からないことだ。それゆえ、私は「自分の哲学を持て」と言っている。とはいえ、「哲学とは何か?」と改めて問われると難しい。辞書的解釈では「哲学は真理を探求する知的営みである」というのが一般的のようだ。けれども立場によっても微妙に異なり、今でも定義については論争が続いている。だが、私はもっと簡単に「自分の生き方を決める考え方」と考えれば良いと思う。

学生時代、「真理とは何か?」というテーマで友人と大論争したことをよく覚えている。

その時に納得したことは、真理の頂上に登る道の入り口は3つあるということだ。一つが科学であり、もう一つが哲学、そして宗教である。その正しさは未だによく分からないが、科学と哲学についてはかなり自信をもって納得できたと言ってよい。宗教については未だに暗中模索かもしれない。

いずれにせよ、自分がこう生きる、こう生きたいと思えるように自分の考えを研ぎ澄ませていくと、それが自分の哲学になると言ってよい。では、どうしたら自分の哲学を持つことができるのだろうか。

これが難しい。哲学の第一歩は認識論であり、その入り口は「自己認識」であると言われる。これまで述べてきたように、自分の視点を見つめ直して自分の立脚点を認識し、その上で、自分がすべきことを考えることによって自己認識でき、自分がやるべきことも自覚できるが、乗り越えるべきことがある。私は常々、次の資料9-1を見せてこの話をしている。

1本のローソクがある。その両側に平面の鏡が2枚、ローソクを挟んでいる。「ローソクは何本ある?」との質問をする。「1本」という答えと、「無数」という答えがあるだろう。どちらも正しい。本物のローソクは確かに1本しかない。しかし、2枚の鏡には無数のローソクの像(虚像)が映っている。したがって、無数という答えも正しい。

これが、自分を認識するヒントになる。「自分とは何者か？」という問いに答えようとすると、認識される「自分」と、認識しようとする「自分」に分かれる。しかし両者ともに「自分」なのだから、認識しようとする「自分」も含めて自己認識しなくてはならず、その「自分」を認識しようとする新たな「自分」が必要になる。そうすると新たな「自分」を認識しようとする、さらなる新たな「自分」が生まれてくることになり、無限連鎖になる。２枚の鏡に挟まれたローソクと同じである。この無限連鎖を解くには、どこかで、全体を一気に認識してしまうことが必要であり、これが、仏教的に言えば「悟り」である。

分かりにくい話ではあるが、そうした無限

資料9-1　自分の哲学

出所：筆者作成

連鎖から抜け出た時、自分を認識でき、自分がしたいこと、自分がすべきことが見えてくるのだ。

最後に、私の哲学の話をしてこの本を締めくくりたい。それは「自反而縮雖千万人吾往矣」という孟子の言葉である。書き下せば、「自ら反《かえり》みて縮《なお》くんば、千万人と雖《いえど》も、吾《われ》往かん」となる。「自分の考えをしっかり振り返ってみたときに自分が正しいと思えば、たとえ千万人が反対しようとも私は自分の信ずる道を進んでいく」という意味である。四字熟語でいえば「真実一路」がこれに相当する。

40歳代くらいまでは、下の句、すなわち「千万人と雖《いえど》も、吾《われ》往かん」あるいは「一路」が大切だと思っていた。自分の進むべき道は分かるが、家族や上司や友人などが反対した

資料9-2　孟子の言葉

出所：筆者作成

ら、その反対を押し切ってまで突き進むことは難しいと。しかし、40歳代を過ぎる頃から、そうではなく上の句、すなわち「自ら反《かえり》みて縮《なお》くんば」あるいは「真実」が大切なのだと気が付いた。本当に自分の進むべき道、やるべきことがはっきり分かっていたら、どんな反対も恐れることなく、皆を説得して突き進むことができる。それだけの強さを持つことができるということに気が付いた。本当に進むべき道が分からなければ、周囲の反対に負けてしまう、と。

あとがき

本書の最終校正をしている２０２３年2月になってもウクライナの戦争は続いている。ロシアがウクライナに侵攻した当初は、どんな形にせよ1年以内に何らかの決着がつくのではと期待していたものだが、それは本当に甘かった。１年が経過した現在でもこの先どう展開するかまったく不透明である。

ＣＯＶＩＤ-19だけは、２０２０年1月から3年が経過し、感染はどうやら終息期を迎えたようだ。２０２３年5月には感染症の分類でインフルエンザと同様、第5類に引き下げられようとしている。ウイルスの感染力が減退したのか、ワクチンの効果もあって免疫が行渡り、いわゆる集団免疫が獲得できたからなのか、よくは分からないが結構なことである。

人類はこれまで、２０００年以上にわたり、感染症との闘いに苦しんできた。日本は感染症に対する医療においては、北里柴三郎や野口英世などが大いに貢献してきた。しかし、今後も新たな感染症との闘いは起こることを肝に銘じなくてはならない。

同時に安全保障の観点でも、改めて視野を広くし、しっかりと考えなくてはならない。もうすぐ戦後78年になるが、マズローのいう安全・安心の状態を作るのは、自らの努力なくしては実現しない。国の在り方や、我々一人ひとりの努力義務に目を向けなくてはならない。まさに「天は自ら助くる者を助く」である。

グローバリゼーションには色々な意見があるが、もはや分断して囲い込むことなど不可能に近い。様々なサプライチェーンが張り巡らされた今日、どのように新しいグローバリゼーションを再構築していくのか、人類に与えられた大きな課題である。

目を上に向けると、まだまだ謎に包まれた大宇宙が広がっている。その中にちっぽけな地球があり、多くの国と様々な人々が生活している。色々な政治体制があり価値観も多様化している。しかし、共通して考えなくてはならないのは、人が人らしく暮らせる、そんな世界を作ることである。それこそが人権の基本的な考え方であり、国連が取り決めたＳＤＧｓはまさにそれを具現化しようというものである。カーボンニュートラルも含めてこの小さい地球号に乗り合わせた人類は、この共通課題に向き合わなくてはならない。

本書では「パラダイムシフトをどう生きるか」をテーマに取り上げた。こうしたパラダイムシフトの時代にＩＴやデジタル、特にＡＩのテクノロジーは大きな役割を果たす。本書では分かりにくい技術論をできるだけ平易に、その影響度合いを含めて説明してきたつもりであるが、ご理解いただけただろうか。これまでの経験から得た私なりの「インテリジェンス」をお伝えしたつもりである。このパラダイムシフトの時代を懸命に生きんとしている読者の皆さんのわずかでも参考になれば筆者として望外の喜びである。

最後に、本書の企画からお世話になった金融財政事情研究会の皆さんやＮＴＴデータのスタッフの皆さんに謝意を伝えたい。特に、多くの時間と労力を割いて貢献してくれた井上智晴君には多大な感謝の言葉を贈りたい。

参考文献

『第三の波』　アルビン・トフラー著／徳岡孝夫訳　中央公論新社　１９８２年
『経済発展の理論』　ヨーゼフ・シュンペーター著／塩野谷祐一 他訳　岩波書店　１９７７年
『景気循環論』　ヨーゼフ・シュンペーター著／金融経済研究所訳　有斐閣　１９５８年
『現代の経営』　ピーター・ドラッカー著／現代経営研究会訳　自由国民社　１９５６年
『イノベーションと起業家精神』　ピーター・ドラッカー著／上田惇生 他訳　ダイヤモンド社　１９８５年
『イノベーションのジレンマ』　クレイトン・クリステンセン著／伊豆原弓訳　翔泳社　２０００年
『両利きの経営』　チャールズ・オライリー、マイケル・タッシュマン著／入山章栄 監訳　東洋経済新報社　２０１９年
『ポスト・ヒューマン誕生』　レイ・カーツワイル著／井上健 監訳　日本放送出版協会　２００７年
『シンギュラリティは近い［エッセンス版］』　レイ・カーツワイル著／NHK出版編／　NHK出版　２０１６年
『人を動かす』　デール・カーネギー著／加藤直士訳　創元社　１９３７年
『自分のために働く』　岩本敏男著　ダイヤモンド社　２０１８年
「Japan IT Market 2018 Top10 Predictions」　IDC Japan　２０１７年
「DX推進ガイドライン」　経済産業省　２０１８年
「DXレポート」　経済産業省　２０１８年
「IT人材白書２０１７」　独立行政法人情報処理推進機構　２０１７年
『サードウェーブ』　スティーブ・ケース著／加藤万里子訳　ハーパーコリンズ・ジャパン　２０１６年

岩本 敏男 （いわもと・としお）

NTTデータ 相談役

1953年長野県生まれ。1976年東京大学工学部卒業、同年日本電信電話公社入社。中央官庁や日本銀行などのシステムのプロジェクトを、システムエンジニア、プロジェクトマネジャーとして数多く手がける。

1988年分社に伴いNTTデータ通信へ（のちのNTTデータ）。2004年取締役決済ソリューション事業本部長、2007年取締役常務執行役員 金融ビジネス事業本部長、2009年代表取締役副社長執行役員を経て、2012年代表取締役社長に就任。社長時代は同社のグローバル化を推進し、ビジネス拡大・ブランド力向上に努めた。2018年6月より、現職。

経済団体、業界団体などの要職の他、複数の会社の社外取締役も務め、経営・ITの知見をもとに助言・貢献活動を行っている。

著書に『IT幸福論』（東洋経済新報社）、『自分のために働く』（ダイヤモンド社）がある。

パラダイムシフトを生きる
不確実の世を乗り越える視座

2023年3月31日　第1刷発行

著　者　岩本 敏男
発行者　加藤 一浩
発行所　株式会社きんざい
〒160-8520　東京都新宿区南元町19
電話　03-3355-1770（編集）
03-3358-2891（販売）
URL　https：//www.kinzai.jp/

デザイン：松田行正＋杉本聖士／印刷：シナノ印刷株式会社
画像提供：123RF

ISBN978-4-322-14320-1